**COMPACT
Aktives Lernen**

ENGLISCH
GRAMMATIK
schnell kapiert

Compact Verlag

© 1999 Compact Verlag München
Chefredaktion: Claudia Schäfer
Redaktion: Angelika Reizle, Bea Herrmann, Dr. Isabel Schneider
Produktionsleitung: Uwe Eckhard
Umschlaggestaltung: Inga Koch
Besuchen Sie uns im Internet: www.compactverlag.de

Printed in Germany
ISBN 3-8174-7060-6
7270601

Inhalt

Vorwort

I. Wortarten und -formen 5

1. Substantive 5
2. Artikel 10
3. Pronomen 16
4. Adjektive 30
5. Adverbien 35
6. Verben 41
7. Präpositionen 87
8. Konjunktionen 91
9. Zahlwörter 94

II. Satzbau 97

10. Der einfache Satz 97
11. Nebensätze 100
12. Der Hauptsatz und das Satzgefüge 101
13. Der Fragesatz 101
14. Indirekte Rede 104
15. Nebensätze mit *should* oder *might* 109
16. Der Bedingungssatz 110
17. Besonderheiten der Wortstellung 112

III. Anhang 114

18. Aussprache 114
19. Silbentrennung 117
20. Zeichensetzung 117
21. Groß- und Kleinschreibung 121
22. Britisches und amerikanisches Englisch 123

Register 126

Vorwort

Dieses handliche Nachschlagewerk beantwortet die wichtigsten Fragen zur englischen Grammatik in übersichtlicher und einprägsamer Form. Es wendet sich an Anfänger, die den korrekten Gebrauch des Englischen erlernen wollen ebenso wie an Fortgeschrittene, die ihre Sprachkenntnisse auffrischen und erweitern möchten.

Neben Wortarten und Satzbau werden die Themen behandelt, die für den richtigen Sprachgebrauch in Schule, Freizeit und Beruf von besonderer Bedeutung sind: Aussprache, Silbentrennung, Zeichensetzung, Groß- und Kleinschreibung sowie die Unterschiede zwischen britischem und amerikanischem Englisch.

Grundwissen, Regeln, besondere Hinweise und Sonderfälle sind gesondert ausgezeichnet und werden durch anschauliche Beispielsätze erläutert. Bei thematischen Überschneidungen verweisen Pfeile auf andere relevante Kapitel und Unterkapitel im Buch. Die Erklärungen folgen dem Grundsatz der Beschränkung auf das Wesentliche, ohne dabei Sonderfälle und Ausnahmen außer Acht zu lassen.

Die „anwenderfreundliche" Aufbereitung des Grundwissens macht „Grammatik Englisch – schnell kapiert" zum idealen Einstieg in die englische Grammatik und zum wertvollen Nachschlagewerk für alle Lernenden.

I. Wortarten und -formen

1. Substantive

> Im Gegensatz zum Deutschen werden Substantive im Englischen kleingeschrieben. Nur die Eigennamen werden großgeschrieben.

◀ Regel

1.1 Geschlecht

Während man im Deutschen jedem Substantiv ein festes grammatikalisches Geschlecht zuteilt, wird im Englischen das Geschlecht der meisten Substantive durch ihr natürliches Geschlecht bestimmt. Demnach sind Personen entweder männlich oder weiblich. Dinge sind normalerweise sächlich. Dieses Geschlecht wird nicht durch den dazugehörigen Artikel angezeigt, sondern durch die entsprechenden Personal- und Possessivpronomen (→ 3.1, 3.3, 3.4):

◀ Grundwissen

The man is old.	Der Mann ist alt.
He is old.	Er ist alt.
The woman is old.	Die Frau ist alt.
She is old.	Sie ist alt.
The tree is old.	Der Baum ist alt.
It is old.	Er ist alt.

1.2 Pluralbildung

Die Pluralform eines Substantivs bezeichnet mehrere Wesen oder Sachen.

◀ Grundwissen

> Gewöhnlich wird der Plural eines Substantivs gebildet, indem man -s an den Singular (die Einzahl) anhängt, z. B. *ship – ships* oder *cat – cats*.

◀ Regel

Regelmäßige Pluralbildung: Sonderfälle

> Im Unterschied zum Deutschen gilt eine Grundregel für die meisten englischen Substantive. Dennoch gibt es einige Ausnahmen. Endet das Substantiv auf *-s, -x, -ch,*

◀ Regel

-sh, oder *-z* hängt man *-es* an das Wort an, z. B. *bus – buses, tax – taxes* oder *bush – bushes.*

Regel ▶ Wenn das Substantiv auf einen Konsonanten *(b, t, d, n* usw.) und *-y* endet, so wird *-y* im Plural zu *-ies*. Wenn das Substantiv auf einen Vokal *(a,e,i,o,u)* und *-y* endet, so wird im Plural *-s* angehängt:

hobby – hobbies aber: *boy – boys*
lady – ladies *valley – valleys*

Regel ▶ Die Pluralform der Substantive, die auf -f oder -fe enden, wird normalerweise gebildet, indem man das -f oder -fe durch -ves ersetzt, z. B. *half – halves* oder *wife – wives*.

Sonderfall ▶ Aber es gibt auch einige Substantive, deren Plural mit -fs gebildet wird, z. B. *belief – beliefs* und *chief – chiefs*.

Regel ▶ Substantive, die auf -o enden, bilden den Plural entweder mit -os oder mit -oes:

radio – radios aber: *potato – potatoes*
piano – pianos *tomato – tomatoes*

Unregelmäßige Pluralformen

Sonderfall ▶ Neben den verschiedenen Formen der Pluralbildung mit *-s* gibt es im Englischen eine ganze Reihe von unregelmäßigen Pluralformen. Die häufigsten davon sind: *man – men, woman – women, foot – feet, tooth – teeth, louse – lice, mouse – mice, goose – geese, ox – oxen* und *child – children.*

Sonderfall ▶ Es gibt im Englischen einige unzählbare Begriffe, die im Deutschen zählbar sind. Während im Englischen viele dieser Begriffe nur im Singular stehen, können die entsprechenden Substantive im Deutschen sowohl Plural- als auch Singularformen haben. Deswegen muss man sie lernen: *advice* (Rat – Ratschläge), *information* (Information – Informationen), *evidence* (Beweis – Beweise), *furniture* (Möbel – Möbel), *progress* (Fortschritt – Fortschritte), *knowledge* (Kenntnis – Kenntnisse), *homework* (Hausaufgabe – Hausaufgaben), *fish* (Fisch – Fische) und *sheep* (Schaf – Schafe).

Wenn man diese unzählbaren Begriffe in einem englischen Satz benutzt, müssen die Bestimmungswörter (z. B. Demonstrativpronomen → 3.5) und Verben auch im Singular stehen:

This machinery is dangerous.	Diese Maschinen sind gefährlich.
The furniture is worn.	Die Möbel sind ramponiert.

Will man unzählbare Begriffe zählen, muss man Fügungen verwenden, die Teile oder Mengen bezeichnen:

*It was a sensible **piece of** advice.*	Es war ein vernünftiger Rat.
*These are nice **pieces of** furniture.*	Das sind schöne Möbelstücke.

Paarwörter

> Die so genannten Paarwörter stehen immer im Plural. ◄ Regel

Paarwörter bezeichnen Gegenstände, die aus zwei identischen Teilen bestehen. Wenn man Paarwörter verwendet, darf man sie nie in Verbindung mit dem unbestimmten Artikel (→ 2.3) oder mit Zahlwörtern (→ 9) benutzen. Zu den Paarwörtern gehören u. a. *glasses* (die Brille – die Brillen), *trousers* (die Hose – die Hosen), *scissors* (die Schere – die Scheren), *shorts* (die kurze Hose – die kurzen Hosen) und *pyjamas* (der Schlafanzug – die Schlafanzüge).

Gebraucht man ein Paarwort in einem Satz, müssen im Englischen die Bestimmungswörter (z. B. Demonstrativpronomen → 3.5) und die Verben auch im Plural stehen:

*His trousers **are** too short.*	Seine Hose ist zu kurz.
***These** scissors **are** sharp.*	Diese Schere ist scharf.

Zur Bezeichnung einer Menge verwendet man die Fügung *a pair of*:

She owns more than twenty pairs of trousers.	Sie besitzt mehr als zwanzig Hosen.

7

1.3 Genitiv

Während man im Deutschen vier Fälle (Nominativ, Genitiv, Dativ und Akkusativ) anhand der Form des Substantivs und des dazugehörigen Artikels unterscheidet, tritt im Englischen nur in einem Fall eine Änderung auf, und zwar im Genitiv. In den anderen Fällen bleiben das Substantiv und der dazugehörige Artikel unverändert.

> Im Englischen ändert sich die Form eines Substantivs nur im Genitiv. Es gibt zwei Möglichkeiten, den Genitiv zu bilden. Man kann *'s* an das Substantiv anfügen oder die Präposition *of* verwenden. Bei Sachen steht meist die *of*-Genitivform, bei Personen und Tieren meist die *'s*-Genitivform.

Der Genitiv drückt Zugehörigkeits- oder Besitzverhältnisse aus:

the man's house	das Haus des Mannes
Mr. Smith's pipe	Mr. Smiths Pfeife
the driver of the car	der Autofahrer

Der Genitiv gibt die Urheberschaft an:

He read Ruth's poem.	Er las Ruths Gedicht.
The effects of the explosion were still visible.	Die Wirkungen der Explosion waren immer noch sichtbar.

Die *'s*-Genitivform: Bildung

> Man bildet die *'s*-Genitivform, indem man *'s* an die Singularform eines Substantivs anhängt:

My mother's purse was very expensive.	Das Portemonnaie meiner Mutter war sehr teuer.
Germany's motorways are very impressive.	Deutschlands Autobahnen sind sehr beeindruckend.

Im Plural fügt man *'* an die regelmäßige Pluralform eines Substantivs an. Dies gilt aber nur, wenn die Pluralform eines Substantivs auf *-s* endet (→ 1.2):

My brothers' school is far away.	Die Schule meiner Brüder ist weit entfernt.
The boys' boots are dirty.	Die Stiefel der Jungen sind schmutzig.

Wenn das Substantiv eine unregelmäßige Pluralform hat (→ 1.2), muss man *'s* an das Wort anfügen:

The children's room is upstairs.	Das Kinderzimmer ist oben.

An Eigennamen, die auf *-s* enden, kann man entweder *'s* oder *'* anfügen:

Burns' poetry is very good.	Die Dichtung von Burns ist sehr gut.
Thomas's father is rich.	Der Vater von Thomas ist reich.

Bei fremden Eigennamen, die auf *-s* enden, wird normalerweise nur *'* angefügt:

Euripides' plays are world-famous.	Die Stücke von Euripides sind weltberühmt.

Bei zusammengesetzten Substantiven wird der *'s*-Genitiv in seinen Varianten mit dem letzten Bestandteil gebildet:

My mother's telephone is red.	Das Telefon meiner Mutter ist rot.

Auch wenn zwei oder mehr Personen durch einen Umstand persönlich verbunden sind, wird der *'s*-Genitiv in seinen Varianten nur mit dem letzten Namen gebildet:

John and Bob's room is downstairs.	Johns und Bobs Zimmer ist unten.

Wenn aber zwei oder mehr Personen zufällig vereint sind, dann wird jeder Name in den *'s*-Genitiv gesetzt:

John's and Bob's rooms are both very tidy.	Johns und Bobs Zimmer sind beide ordentlich aufgeräumt.

2. Der Artikel

2.1 Der bestimmte Artikel

Grundwissen ▶

Im Deutschen hat der bestimmte Artikel drei verschiedene Formen, nämlich der, die und das. Im Englischen dagegen hat er nur eine einzige Form. Er heißt immer *the,* gleichgültig ob das Substantiv männlich, weiblich oder sächlich ist:
the man, the woman, the tree.

Der englische bestimmte Artikel hat im Singular und im Plural die gleiche Form:
the lion - the lions, the car - the cars.

Der englische bestimmte Artikel hat auch im Genitiv (→1.3) die gleiche Form:
the woman's house, the dog's ball.

Man spricht den englischen bestimmten Artikel auf verschiedene Weise aus. Entscheidend ist dabei, wie man den Anlaut des folgenden Wortes ausspricht, nicht, wie man ihn schreibt. Wenn der bestimmte Artikel vor Wörtern mit konsonantischem Anlaut steht, dann wird er [ðə] ausgesprochen:
the [ðə] *magazine.*

Hinweis ▶

Der [j] Anlaut gilt ebenfalls als konsonantisch:
the [ðə] *universe, the* [ðə] *European continent.*

Beginnt das nächste Wort mit einem vokalischen Anlaut oder einem stummen h, dann wird der bestimmte Artikel [ði] ausgesprochen:
the [ði] *arrival, the* [ði] *hour, the* [ði] *empty bottle.*

Der bestimmte Artikel: Gebrauch

Der bestimmte Artikel wird verwendet, um eine Person oder Sache aus einer größeren Menge näher zu bestimmen:

The woman standing next to the piano is my aunt.	Die Frau, die neben dem Klavier steht, ist meine Tante.

Der bestimmte Artikel bei Eigennamen

Während man im Deutschen manchmal einen bestimmten Artikel vor einem Eigennamen verwendet, benötigen Eigennamen im Englischen normalerweise keinen bestimmten Artikel. Auch Personennamen mit einem Titel oder einer Verwandtschaftsbezeichnung brauchen keinen bestimmten Artikel:

◄ Grundwissen

Queen Elizabeth is on holiday at the moment.   Königin Elizabeth ist momentan im Urlaub.

Im Unterschied zum Deutschen verwendet man im Englischen keinen bestimmten Artikel, wenn ein Adjektiv vor dem Eigennamen steht:

Good old Martin Amery was always fond of his beer.   Der gute alte Martin Amery trank immer gern Bier.

Bei den meisten geografischen Bezeichnungen (d. h. den Namen von Erdteilen, Ländern, Orten, Seen, Bergen usw.) wird im Englischen der bestimmte Artikel weggelassen, gleichgültig ob er im Deutschen gesetzt wird:

Dennis lives in Switzerland.   Dennis wohnt in der Schweiz.

Lake Windermere is the largest lake in England.   Der Windermere-See ist der größte See in England.

Der bestimmte Artikel steht nicht vor den Namen der meisten Straßen, Plätze, Brücken, Parkanlagen, Bahnhöfen usw. Er entfällt gewöhnlich, wenn ein Gattungsname wie *street, square, bridge, park* und *station* dem Eigennamen folgt:

He owns a shop in Oxford Street.   Er besitzt ein Geschäft in der Oxford Street.

Es gibt Ausnahmen bei den geografischen Bezeichnungen und Ortsnamen. Der bestimmte Artikel wird vor den Namen von Ländern, Inseln und Gebirgen gebraucht, wenn diese im Plural stehen oder wenn die *of*-Präposition vor dem Eigennamen verwendet wird:

◄ Sonderfall

| *Utrecht is in the Netherlands.* | Utrecht ist in den Niederlanden. |
| *Andy has been skiing in the Alps.* | Andy ist in den Alpen Ski gefahren. |

Der bestimmte Artikel steht immer vor den Namen von Flüssen, Kanälen und Meeren:

| *You ought to see the Rhine before you leave.* | Du solltest den Rhein sehen, bevor du wegfährst. |

Wenn der Name einer Straße oder eines Gebäudes aus einem Gattungsnamen und/oder einem Adjektiv abgeleitet ist, muss man den bestimmten Artikel ebenfalls verwenden:

| *Sylvia's favourite paintings are in the National Gallery.* | Sylvias Lieblingsgemälde sind in der National Gallery. |

Der bestimmte Artikel bei Gattungsnamen

> Wenn Gattungsnamen ohne nähere Bestimmungen im allgemeinen Sinne verwendet werden, stehen sie ohne den bestimmten Artikel:

| *Children are not just small adults.* | Kinder sind nicht einfach kleine Erwachsene. |
| *Dictionaries are often very useful.* | Wörterbücher sind oft sehr nützlich. |

Die Gattungsnamen *school, university, church, hospital, bed* usw. werden ohne den bestimmten Artikel gebraucht, wenn der Zweck der Institution oder des Gegenstandes und nicht das Gebäude oder der Gegenstand selbst gemeint ist. Diese Gattungsnamen werden jedoch mit dem bestimmten Artikel verwendet, wenn sie einfach ein Gebäude oder einen Gegenstand bezeichnen:

| *Do I really have to go to school today?* | Muss ich wirklich heute zur Schule gehen? |
| *We live next to the university.* | Wir wohnen neben der Universität. |

Einige Gattungsnamen wie *cathedral, cinema, office* oder *theatre* stehen mit dem bestimmten Artikel: Sonderfall

The bishop is preaching in the cathedral tonight.	Heute abend predigt der Bischof in der Kathedrale.
Let's go to the cinema!	Gehen wir ins Kino!

2.2 Der bestimmte Artikel: Besonderheiten

Der bestimmte Artikel bei Zeitangaben

Allgemeine Zeitangaben stehen ohne den bestimmten Artikel, z. B. *on Saturday, next Friday, at night, in May.*

Wenn man aber den Zeitpunkt näher definiert, verwendet man den bestimmten Artikel:

I'm going on holiday on the Saturday before my birthday.	Am Samstag vor meinem Geburtstag fahre ich in Urlaub.
The August of 1976 was very hot.	Der August 1976 war sehr heiß.

Gebraucht man *in, during* und *in the course of* vor Substantiven, die Tageszeiten bezeichnen, dann muss man auch den bestimmten Artikel benutzen, z. B. *during the night, in the morning, in the course of the afternoon.*

Der bestimmte Artikel bei gewissen Mengenangaben

Während der bestimmte Artikel normalerweise vor dem Substantiv und seinen Attributen (→ 4) steht, wird er bei gewissen Mengenangaben zwischen Mengenbezeichnung und Substantiv gestellt, z. B. *all the time, both the tables, half the money, double the size, most of the time.*

Der bestimmte Artikel bei festen Redewendungen

Im Englischen gibt es einige feste Redewendungen mit bestimmtem Artikel. Im Deutschen fehlt er gelegentlich, z. B. bei *at the end* (am Schluss), *with the exception of* (mit Ausnahme von), *What is the matter?* (Was ist los?) oder *on the whole* (im Großen und Ganzen).

Andererseits gibt es im Englischen einige feste Redewendungen, bei denen der bestimmte Artikel wegfällt, während er im Deutschen teilweise gesetzt wird, z. B. bei *in memory of* (zur Erinnerung/ im Gedenken an), *in public* (in der Öffentlichkeit), *for example* (zum Beispiel), *on condition that* (unter der Bedingung, dass) oder *at first sight* (auf den ersten Blick).

2.3 Der unbestimmte Artikel

Grundwissen ▶

Der unbestimmte Artikel, der im Deutschen *ein* oder *eine* heißt, lautet im Englischen *a* oder *an*. Entscheidend für die Form des englischen unbestimmten Artikels ist dabei, wie man den Anlaut des folgenden Wortes ausspricht, nicht wie man ihn schreibt. Steht der unbestimmte Artikel vor Wörtern mit konsonantischem Anlaut, dann lautet er *a*, z. B. *a balcony, a big dog, a radio, a university, a long day*.

Beginnt das nächste Wort mit einem vokalischen Anlaut oder mit einem stummen *h*, dann lautet der unbestimmte Artikel *an*, z. B. *an orange, an egg, an easy task, an hour*.

Der unbestimmte Artikel lautet *a* bzw. *an*, gleichgültig ob das folgende Substantiv im Englischen männlich, weiblich oder sächlich ist: *a man, a woman, a child*.

Für die Form des unbestimmten Artikels ist es auch irrelevant, ob ein Substantiv im Genitiv (→1.3) steht: *the position of a house, a woman's pride*.

Der unbestimmte Artikel: Gebrauch

Der unbestimmte Artikel wird bei der Singularform eines zählbaren Begriffes verwendet. Man verwendet ihn in Verbindung mit Substantiven, die einzelne Personen, Sachen oder Begriffe bezeichnen, die nicht näher bestimmt oder hervorgehoben werden und bisher noch nicht genannt wurden. Wie im Deutschen steht der unbestimmte Artikel normalerweise vor dem Substantiv und seinen Attributen:

There is a bottle of milk in the fridge.	Eine Flasche Milch steht im Kühlschrank.
Hilary has bought a very funny book.	Hilary hat ein sehr lustiges Buch gekauft.

Der unbestimmte Artikel bei Gruppenbezeichnungen

Im Gegensatz zum Deutschen muss man den unbestimmten Artikel setzen, wenn man eine Person als Mitglied einer Gruppe benennt. Der unbestimmte Artikel steht deshalb vor Berufsbezeichnungen:
Sabina is a doctor. Sabina ist Ärztin.

Der unbestimmte Artikel wird bei Bezeichnung der Nationalität oder ethnischen Herkunft gesetzt:

Mr Brown is an American.   Mr Brown ist Amerikaner.

Der unbestimmte Artikel wird bei Bezeichnungen für Religionszugehörigkeit gebraucht:

David is an Anglican.   David ist Anglikaner.

Um die Nationalität oder Religionszugehörigkeit eines Menschen anzugeben, gebraucht man normalerweise nicht ein Substantiv, sondern *to be* mit prädikativem Adjektiv (→ 4.3). Für „Ich bin Engländerin" würde man nicht *"I'm an Englishwoman"* sagen, sondern *"I'm English"*.

Der unbestimmte Artikel bei Zahlen

Der unbestimmte Artikel kann in den meisten Fällen bei Zahlen (→ 9) anstelle von *one* verwendet werden. So haben *a hundred, a million, a dozen* die gleiche Bedeutung wie *one thousand, one million, one dozen*.

2.4 Der unbestimmte Artikel: Besonderheiten

Die Stellung des unbestimmten Artikels: Unregelmäßigkeiten

Während der unbestimmte Artikel normalerweise vor dem Substantiv und seinen Attributen steht (→ 4.2), wird er in Verbindung mit *half, such* und *quite* nachgestellt.

He came an hour later.   Er kam eine Stunde später.
It is quite a fast car.   Es ist ein ziemlich schnelles Auto.

Der unbestimmte Artikel steht in der Regel hinter *rather*. Wenn aber ein Adjektiv das Substantiv ergänzt, kann der unbestimmte Artikel entweder vor oder nach *rather* gebraucht werden:

He is rather an interesting man./He is a rather interesting man.	Er ist ein ziemlich interessanter Mann.

Der unbestimmte Artikel bei nachgestellten Zeit-, Maß- und Mengenangaben

Wenn man nachgestellte Zeit-, Maß- und Mengenangaben gebraucht, die eine zahlenmäßig gleiche Verteilung angeben, muss der unbestimmte Artikel als Zahlbegriff gesetzt werden. In diesem Fall bedeutet er *je, pro* oder *per:*

Milk costs about two marks a bottle.	Die Milch kostet ungefähr zwei je Flasche.
How much does this material cost a metre?	Wieviel kostet dieser Stoff pro Meter?

Der unbestimmte Artikel bei festen Redewendungen

Es gibt im Englischen viele feste Redewendungen, in denen der unbestimmte Artikel im auffälligen Gegensatz zum Deutschen verwendet wird, z. B.:

to be in a good/bad mood	gute/schlechte Laune haben
to be in a hurry	in Eile sein
to come to an end	zu Ende gehen
to have a feeling that	das Gefühl haben, dass
to have a headache	Kopfschmerzen haben
to make a noise	Lärm machen
in a friendly way	freundlich

3. Pronomen

Pronomen (Fürwörter) sind Wörter, die an der Stelle von Substantiven (→ 1) stehen. Man verwendet sie häufig, um die Wiederholung eines bereits genannten Substantivs zu vermeiden.

3.1 Das Personalpronomen

Man setzt das Personalpronomen (das persönliche Fürwort) als Stellvertreter für Personen und Sachen:

◀ Grundwissen

Amanda is looking for Tony. Amanda sucht Tony.
***She** is looking for **him**.* Sie sucht ihn.
Tom and Judith are playing chess. Tom und Judith spielen Schach.
***They** are playing chess.* Sie spielen Schach.

Die Formen des Personalpronomens

Die Formen des Personalpronomens sind im Englischen einfacher als im Deutschen, weil es nur zwei gibt. Sie werden die Subjekt- und die Objektform genannt:

◀ Grundwissen

	Subjektform	Objektform
1. Person Singular	*I*	*me*
2. Person Singular	*you*	*your*
3. Person Singular	*he, she, it*	*him, her, it*
1. Person Plural	*we*	*us*
2. Person Plural	*you*	*you*
3. Person Plural	*they*	*they*

Das Personalpronomen und das Geschlecht

> Sachen und abstrakte Begriffe sind normalerweise sächlich. Man muss sie in der 3. Person Singular durch *it* ersetzen.

◀ Regel

The television is broken. Der Fernseher ist kaputt.
It is broken. Er ist kaputt.
Joe has bought a book. Joe hat ein Buch gekauft.
He has bought it. Er hat es gekauft.

> In der Regel sind nur Personen und bestimmte Tiere männlich oder weiblich.

◀ Regel

Jason is my brother. Jason ist mein Bruder.
He is my brother. Er ist mein Bruder.
Dad bought Tina a book. Papa kaufte Tina ein Buch.
He bought her a book. Er kaufte ihr ein Buch.

Das unbestimmte Personalpronomen: das deutsche *man*

Regel ▶

Im Englischen werden mehrere Wörter im Sinne des deutschen unbestimmten Personalpronomens man verwendet. Im formellen Englisch wird *one* gebraucht, um über Personen im Allgemeinen zu sprechen:

A knowledge of grammar is important if one wants to understand a foreign language.	Grammatikkenntnisse sind wichtig, wenn man eine Fremdsprache verstehen will.

Hinweis ▶

Wenn man über nicht näher bestimmte Personen sprechen will, die wahrscheinlich nicht anwesend sind, bietet das Englische andere Möglichkeiten an: Bezieht man sich auf einen einzelnen Unbekannten, kann man *someone* benutzen. Meint man mehrere Unbekannte, kann man *they* oder *people* verwenden:

Someone stole my bike last night.	Man hat gestern Nacht mein Rad gestohlen.
They drink more wine than beer in France.	Man trinkt mehr Wein als Bier in Frankreich.

Die Höflichkeitsform: das deutsche *du* und *Sie*

Regel ▶

Während im Deutschen der Unterschied zwischen *du* und der Höflichkeitsform *Sie* sehr wichtig ist, kennt das Englische keine Unterscheidung. Man spricht jeden mit *you* an.

»Would you like to see the film?« Mary asked her boyfriend. »Do you think it's serious, doctor?«	»Möchtest du den Film anschauen?«, fragte Mary ihren Freund. »Meinen Sie, dass es ernst ist, Herr Doktor?«

Das Personalpronomen: die Wortstellung

Regel ▶

Bei der Wortstellung des Personalpronomens bieten sich im Englischen zwei Möglichkeiten an. Erstens: Man kann das indirekte Objekt (→ 10.4) des Satzes vor das direkte Objekt (→ 10.3) stellen:

I gave him a book.
John cooked her a meal.

> Zweitens: Wenn man eine Präposition (z. B. to oder for) (→ 7) benutzt, muss das direkte Objekt dem Verb folgen, während das indirekte Objekt nach der Präposition steht:

I gave it to him.
John cooked it for her.

3.2 Das Reflexivpronomen

Das Reflexivpronomen (das rückbezügliche Fürwort) wird verwendet, wenn ein Pronomen sich auf das Subjekt eines Satzes bezieht:

Jo is talking to himself.	Jo spricht mit sich selbst.
Wendy and Richard have hurt themselves.	Wendy und Richard haben sich wehgetan.

Die Form des Reflexivpronomens

Während es im Deutschen drei Formen des Reflexivpronomens gibt, nämlich Genitiv (z. B. *meiner*), Dativ (z. B. *mir*) und Akkusativ (z. B. *mich*), kennt man im Englischen nur eine Form:

	Singular	Plural
1. Person	*myself*	*ourselves*
2. Person	*yourself*	*yourselves*
3. Person	*himself*	*themselves*
	herself	
	itself	

Das Reflexivpronomen: im Englischen seltener als im Deutschen

Das Reflexivpronomen kommt im Englischen seltener vor als im Deutschen. Nach einigen Verben kann es entfallen:

He washed (himself).	Er hat sich gewaschen.
She dressed (herself).	Sie hat sich angezogen.

Man benutzt im Deutschen das Reflexivpronomen bei einigen Verben, die im Englischen keines bei sich haben, z. B. *meet* (sich treffen), *look forward to* (sich freuen auf), *relax* (sich entspannen), *move* (sich bewegen), *sit down* (sich setzen) oder *remember* (sich erinnern).

Each other und one another

> **Regel** ▶
>
> Wenn man eine wechselseitige Beziehung zwischen zwei Personen beschreiben will, muss man eine Beschreibung wie *each other* benutzen. Bei mehr als zwei Personen wird normalerweise *one another* bevorzugt:

John and Mary write to each other regularly and in detail.	John und Mary schreiben sich regelmäßig und aufwendig.
The five friends haven't seen one another for a long time.	Die fünf Freunde haben sich lange nicht mehr gesehen.

3.3 Das adjektivische Possessivpronomen

Grundwissen ▶

Das Possessivpronomen (also das besitzanzeigende Fürwort) wird im Englischen und im Deutschen ähnlich verwendet. Die Ausnahmefälle sind auf dieser Seite weiter unten beschrieben. Es drückt normalerweise Besitz oder Zugehörigkeit aus. Es tritt in zwei Formen auf, als adjektivisches und als substantivisches Possessivpronomen.

Die Form des adjektivischen Possessivpronomens

Grundwissen ▶

Im Gegensatz zum Deutschen werden die adjektivischen Possessivpronomen im Englischen nicht dekliniert. Sie richten sich nur nach dem Besitzer:

	Singular	Plural
1. Person	*my*	*our*
2. Person	*your*	*your*
3. Person	*his*	
	her	*their*
	its	

**Das adjektivische Possessivpronomen:
die Wortstellung**

> Das adjektivische Possessivpronomen steht immer vor einem Substantiv: ◀ Regel

*My father is taller than
your father.*
We are proud of our garden.

Mein Vater ist größer als
dein Vater.
Wir sind stolz auf unseren
Garten.

**Das adjektivische Possessivpronomen:
Abweichungen vom deutschen Gebrauch**

Anders als im Deutschen wird im Englischen das adjektivische Possessivpronomen grundsätzlich bei Körperteilen und Kleidungsstücken verwendet. ◀ Hinweis

He has broken his leg.

Er hat sich das Bein gebrochen.

My keys are in my pocket.

Meine Schlüssel sind in meiner Hosentasche.

3.4 Das substantivische Possessivpronomen

Das substantivische Possessivpronomen dient dazu, ein adjektivisches Possessivpronomen und sein nachstehendes Substantiv durch ein einziges Wort zu ersetzen. ◀ Grundwissen

His car is faster than hers.

Sein Auto fährt schneller als ihres.

Die Form des substantivischen Possessivpronomens

Im Gegensatz zum Deutschen sind die substantivischen Possessivpronomen immer unveränderlich: ◀ Grundwissen

	Singular	Plural
1. Person	*mine*	*our*
2. Person	*yours*	*yours*
3. Person	*his*	
	hers	*theirs*
	its	

Die substantivischen Possessivpronomen werden immer ohne Artikel und ohne Apostroph gebraucht.

Gebrauch des substantivischen Possessivpronomens

> Grundwissen ▶

Die substantivischen Possessivpronomen werden häufig verwendet, um die Wiederholung eines Substantivs (→ 1) zu vermeiden:

Our television is old,	Unser Fernseher ist alt,
theirs is new.	ihrer ist neu.

Wenn das substantivische Possessivpronomen mit dem Verb *to be* verbunden ist, hat die Konstruktion oft die Bedeutung des deutschen Verbs *gehören:*

The red bike is mine.	Das rote Rad gehört mir.

3.5 Das Demonstrativpronomen

> Grundwissen ▶

Demonstrativpronomen (hinweisende Fürwörter) dienen dazu, etwas deutlich hervorzuheben. Die englischen Demonstrativpronomen *this* und *that* entsprechen den deutschen Wörtern *diese(r,s)* bzw. *jene(r,s)*. Sie werden aber oft unterschiedslos verwendet und deswegen manchmal beide mit *diese(r,s)* übersetzt.

Form der Demonstrativpronomen

> Grundwissen ▶

Die Demonstrativpronomen stehen entweder im Singular oder im Plural. Im Unterschied zum Deutschen richtet sich die Form eines Demonstrativpronomens nicht nach dem Geschlecht des dazugehörigen Substantivs (→ 1.1). Sie werden nie gebeugt:

Singular	Plural
this	*these*
that	*those*
this/that man	*these/those men*
this/that woman	*these/those women*
this/that house	*these/those houses*

Gebrauch der Demonstrativpronomen

Man verwendet die Demonstrativpronomen normalerweise, um Personen oder Sachen zu bezeichnen, die anwesend sind oder schon erwähnt wurden.

 Grundwissen

Have you seen this man before?
Haben Sie diesen Mann schon vorher gesehen?

Those flowers are daisies.
Dies sind Gänseblümchen.

You are right. The/That case is too heavy.
Sie haben Recht. Der/Dieser Koffer ist zu schwer.

This und *that:* Unterschiede in der Bedeutung

Manchmal werden *this/these* und *that/those* austauschbar gebraucht:

◀ Hinweis

This/That book is interesting.
Dieses Buch ist interessant.

These/Those pictures are nice.
Diese Bilder sind schön.

> Weist man auf etwas hin, das sowohl räumlich als auch zeitlich weiter entfernt liegt, muss man *that/those* benutzen. Bezieht man sich dagegen auf etwas, das räumlich und zeitlich relativ nahe liegt, muss man *this/these* verwenden:

◀ Regel

That cloud looks like a castle.
Die Wolke dort sieht wie ein Schloss aus.

This chair is more comfortable than that chair over there.
Dieser Sessel ist bequemer als der Sessel dort drüben.

> Wenn man ein Demonstrativpronomen substantivisch verwendet, steht es also stellvertretend für ein Substantiv. In der Regel müssen in diesem Fall die Singularformen *this/that* mit dem Stützwort (→ 4.4) *one* verbunden werden:

 Regel

This painting is an original but that one is a deceptively clever forgery.
Dieses Bild ist ein Original, aber jenes/das da ist eine täuschend echte Fälschung.

3.6 Die indefiniten Pronomen

Grundwissen ▶

Die indefiniten Pronomen (die unbestimmten Fürwörter) dienen als Mengenangaben bei Sachen und Personen. Einige indefinite Pronomen können zusätzlich die Unbestimmtheit von Personen oder Sachen kennzeichnen.

Some und *any*

Regel ▶

Some und seine Zusammensetzungen werden gebraucht, um etwas Unbestimmtes zu bezeichnen, das verfügbar oder erreichbar ist. Man benutzt sie daher meist in bejahten Aussagesätzen und Fragen, wenn man eine positive Antwort erwartet (1).

Regel ▶

Any und seine Zusammensetzungen werden verwendet, um etwas Unbestimmtes zu bezeichnen, wenn seine Verfügbarkeit nicht sicher ist. Man benutzt sie daher meist in negativen Aussagen, um Zweifel oder Skepsis anzudeuten (2). Sie stehen in Fragen, wenn man nicht weiß, ob die Antwort negativ oder positiv sein wird, oder wenn man mit einer negativen Antwort rechnet. Ob man some oder any setzt, ist oft eine Frage der Einstellung.

(1) May I have some of that coffee?	Darf ich etwas von diesem Kaffee haben?
(2) Have you got any money?	Hast du Geld?

Regel ▶

Bei unzählbaren Substantiven können *some* and *any* eine unbestimmte Menge kennzeichnen.

Some sugar, please.	Etwas Zucker, bitte.
I'm a vegetarian. I haven't eaten any meat in years.	Ich bin Vegetarier. Seit Jahren habe ich kein Fleisch mehr gegessen.

Regel ▶

Bei einem Substantiv im Plural können *some* und *any* für eine unbestimmte Anzahl stehen:

Some boys play soccer.	Manche Jungen spielen Fußball.
I don't know if any girls play soccer.	Ich weiß nicht, ob Mädchen Fußball spielen.

> *Some* und *any* können auch als substantivische Pronomen in Bezug auf ein vorausgehendes Substantiv verwendet werden:

◀ Regel

Could you give me some?	Könntest du mir welche(n, s) geben?
I'm sorry, I don't have any.	Es tut mir Leid, ich habe keine(n, s).

Dies gilt auch für die Zusammensetzungen von *some* und *any*, z. B. *somebody/anybody, something/anything, somewhere/anywhere, sometimes* oder *somewhat*.

Every und *each*

> *Every* und *each* bedeuten etwa dasselbe wie das deutsche Wort *jede(r,s)*. Gelegentlich sind sie austauschbar, aber es gibt einen wichtigen Unterschied: Man verwendet *every*, wenn man jede Person oder Sache aus einer bestimmten Menge in einem ganz allgemeinen Sinn meint. *Every* heißt also *jeder ohne Ausnahme*. Dagegen verwendet man *each*, wenn man jede einzelne Person oder Sache aus einer begrenzten Menge betont:

◀ Regel

Every day he goes jogging.	Jeden Tag (ohne Ausnahme) geht er joggen.
Each job application will be considered separately.	Man wird jede (einzelne) Bewerbung gesondert betrachten.

Von *every* gibt es auch Zusammensetzungen, nämlich *everyone/everybody* (jeder, alle), *everything* (alles) und *everywhere* (überall).

All und *no*

> *All* wird im Deutschen mit *alle* übersetzt. Es bezieht sich normalerweise auf einen Plural:
> *All birds have wings.*   Alle Vögel haben Flügel.

◀ Regel

> *No* bedeutet normalerweise *kein*. Im Allgemeinen ist *no* stärker als *not ... any*:
> *I've seen no comfortable shoes.*   Ich habe (gar) keine bequemen Schuhe gesehen.

◀ Regel

> **Regel** ▶ Die substantivische Form von *no* lautet *none* und bedeutet *kein(e,er,es)*. *None* bezieht sich auf ein vorausgehendes Substantiv oder steht vor einer *of*-Fügung:

Is there any cake left? Ist noch ein Stück Kuchen
– No, none at all. übrig? – Nein, gar keins.

Much und *many*

> **Regel** ▶ *Much* bedeutet *viel* oder *viele*. Es kann nur bei unzählbaren Begriffen verwendet werden, die in der Singularform stehen. *Many* heißt *viele*. Es kann nur bei zählbaren Begriffen im Plural gebraucht werden:

We don't have much money. Wir haben nicht viel Geld.
Do you have many friends? Haben Sie viele Freunde?

> **Regel** ▶ In der Regel sollte man *much* nur in Fragen und in verneinten Sätzen benutzen. Dasselbe gilt für *many*. In Aussagesätzen kann man anstelle von *much* und *many* oft *a lot of* verwenden. Es kann sowohl bei zählbaren als auch bei unzählbaren Begriffen gesetzt werden:

He earns a lot of money. Er verdient viel Geld.
A lot of people go to Spain Viele Leute fahren in den
for their holidays. Ferien nach Spanien.

A few/a little und *few/little*

> **Regel** ▶ *Few* bedeutet *wenige*; *a few* heißt *einige* oder *ein paar*. *Little* entspricht *wenig*. *A little* bezeichnet *ein wenig*. *Few* und *a few* werden nur bei zählbaren Begriffen im Plural verwendet, *little* und *a little* hingegen nur bei unzählbaren Begriffen mit Singularform:

Few stars are as famous Wenige Stars sind so be-
as John Wayne. rühmt wie John Wayne.
He arrived a few minutes late. Er ist ein paar Minuten zu
 spät angekommen.

There is little milk left. Es bleibt wenig Milch übrig.

We only made a little Wir haben nur wenige
progress. Fortschritte gemacht.

Both, either und neither

> *Both, either* und *neither* bezeichnen ein Paar von zwei Personen oder Sachen. Sie können nur bei zählbaren Begriffen verwendet werden.

Both besitzt dieselbe Bedeutung wie *beide*. Man kann es an verschiedenen Stellen im Satz gebrauchen:

Both boys studied physics.
Both of the boys studied physics.
Both the boys studied physics.
The boys both studied physics.

Both kann auch substantivisch gebraucht werden, z. B.:

Both studied physics.

> *Either* bedeutet *der eine* oder *der andere* (von zweien). *Neither* heißt weder *der eine* noch *der andere* (von zweien). Man kann beide Wörter substantivisch verwenden:

You can use either car.	Du kannst jedes der zwei Autos benutzen.
Neither car can go very fast.	Weder das eine Auto noch das andere fährt sehr schnell.

3.7 Das Interrogativpronomen

Das Interrogativpronomen (das fragende Fürwort) dient dazu, nach Personen und Sachen zu fragen.

Who

> Das Interrogativpronomen *who* fragt nach Personen. Es entspricht dem deutschen Fragewort *wer* (Nominativ):

Who can write quickly?	Wer kann schnell schreiben?

> Beim Dativ bzw. Akkusativ *(wem* bzw. *wen* im Deutschen) benutzt man *whom:*

To whom did you give it?	Wem hast du es gegeben?
Whom could I ask?	Wen könnte ich fragen?

Hinweis ▶ In der Alltagssprache benutzt man sehr oft *who* statt *whom* bei Dativ und Akkusativ.

Regel ▶ Wenn *whom* mit einer Präposition (→ 7) benutzt wird, muss die Präposition vor das Interrogativpronomen gestellt werden:

From whom did you get that diamond ring?	Von wem hast du den Diamantring?

Regel ▶ Gebraucht man *who* mit einer Präposition (was in der Umgangssprache oft der Fall ist), so muss sie am Satzende stehen:

Who did you get that diamond ring from?	Von wem hast du den Diamantring?

Whose

Regel ▶ Um nach dem Besitz oder der Zugehörigkeit zu fragen, muss man das Interrogativpronomen *whose* (wessen) verwenden:

Whose diamond ring is that?	Wessen Diamantring ist das?

What und which

Will man sowohl nach Sachen als auch nach Personen fragen, muss man *what* oder *which* gebrauchen.

Regel ▶ *What* wird normalerweise benutzt, wenn die Auswahl nicht begrenzt ist, d. h. wenn man ganz allgemein nach etwas fragt. Im Deutschen heißt es gewöhnlich *welch, was für* oder *was*:

What books did you buy this time?	Welche Bücher hast du diesmal gekauft?
What's in your handbag?	Was ist in deiner Handtasche?

Man verwendet *which*, wenn man aus einer begrenzten Anzahl von Personen oder Sachen eine Auswahl treffen muss:

◄ Regel

Which Englishman founded the company?	Welcher Engländer hat die Firma gegründet?

3.8 Das Relativpronomen

Im Unterschied zum Deutschen gibt es im Englischen zwei Typen von Relativsätzen, den bestimmenden und den nicht-bestimmenden Relativsatz (→ 20.1). Die Wahl des Relativpronomens kann manchmal davon abhängen, zu welchem dieser Typen ein Relativsatz gehört.

◄ Grundwissen

Gebrauch der Relativpronomen

Der Gebrauch von Relativpronomen ist im Englischen ziemlich flexibel.

Das Relativpronomen für Personen heißt *who*, und das Relativpronomen für Sachen heißt *which*:

◄ Regel

You ought to meet Mr Smith, who lives next door.	Du solltest Mr. Smith kennen lernen, der nebenan wohnt.
She's wearing that beautiful dress which she bought in Harrod's.	Sie trägt dieses schöne Kleid, das sie bei Harrod's gekauft hat.

Das Relativpronomen im Genitiv heißt sowohl bei Personen als auch bei Sachen *whose* (dessen oder deren):

◄ Regel

Mike, whose uncle is an architect, wants to be a pilot.	Mike, dessen Onkel Architekt ist, will Pilot werden.

Sowohl im Objektfall als auch nach einer Präposition (→ 7) muss das Pronomen für Personen in nicht-bestimmenden Relativsätzen (→ 20.1) *whom* lauten:

◄ Regel

Tina, whom I love, is on holiday.	Tina, die ich liebe, ist im Urlaub.

> **Regel** ▶
>
> In bestimmenden Relativsätzen kann das Pronomen für Personen sowohl im Objektfall als auch in Zusammenhang mit einer Präposition (→ 7) entweder *who* oder *whom* heißen:

Tomorrow Tina sees the man who/whom she loves. Morgen trifft Tina den Mann, den sie liebt.

> **Regel** ▶
>
> *What* als Relativpronomen entspricht dem deutschen *das, was* oder *was*:

You shouldn't ignore what I'm saying. Du solltest das, was ich sage, nicht ignorieren.

Die Formen der Relativpronomen: eine Übersicht

Relativpronomen in bestimmenden Relativsätzen:

	Personen	Sachen
Subjektfall	*who/that*	*which/that*
Objektfall	*who/whom/that*	*which/that*
mit Präposition	*who/whom/that*	*which/that*
Genitiv	*whose*	*whose*

Relativpronomen in nicht-bestimmenden Relativsätzen:

	Personen	Sachen
Subjektfall	*who*	*which*
Objektfall	*whom*	*which*
mit Präposition	*whom*	*which*
Genitiv	*whose*	*whose*

4. Adjektive

Adjektive sind Wörter, die Substantive (→ 1) oder Pronomen (→ 3) näher bestimmen.

4.1 Steigerung des Adjektivs

Im Englischen können Adjektive gesteigert werden. Man hat wie im Deutschen eine erste und eine zweite Steigerungsstufe (Komparativ bzw. Superlativ).

Steigerung durch Endungen

> Im Allgemeinen werden Adjektive gesteigert, indem man -*er* bzw. -*est* anhängt. ◀ **Regel**

ungesteigert:	*Robert is young.*	Robert ist jung.
Komparativ:	*Mitch is younger.*	Mitch ist jünger.
Superlativ:	*Martin is the youngest.*	Martin ist der jüngste.

> Endet das Adjektiv auf -*e*, so wird nur -*r* beim Komparativ bzw. -*st* beim Superlativ angehängt: *large, larger, largest*. ◀ **Regel**

Endet das Adjektiv auf -*y*, so wird das *y* in der Steigerung zu *i*: *happy, happier, happiest*.

> Endet das Adjektiv auf einen Konsonanten mit vorhergehendem kurzen Vokal, so wird der Konsonant bei der Steigerung verdoppelt: *big, bigger, biggest*. ◀ **Regel**

Steigerung durch more/most

> Manche Adjektive kann man nicht durch das Anhängen von Endungen steigern. Man muss sie mit *more* und *most* steigern. Dazu gehören alle drei- und mehrsilbigen Adjektive, sowie etliche zweisilbige Adjektive, die nicht auf -*y* enden: *practical, more practical, most practical*. ◀ **Regel**

Unregelmäßige Steigerungen

	Komparativ	Superlativ	
bad	*worse*	*worst*	schlecht
good	*better*	*best*	gut
little	*less*	*least*	wenig
many/much	*more*	*most*	viel
some	*more*	*many*	einige

◀ **Sonderfall**

Far wird als Adjektiv sowie als Adverb (→ 5) unregelmäßig gesteigert, entweder *far, farther, farthest* oder *far, further, furthest*. Beide Begriffe können im Sinne von räumlich weiter eingesetzt werden. Wenn aber zu einem höheren Grad gemeint ist, kann *far* nur mit *further, furthest* gesteigert werden. ◀ **Hinweis**

4.2 Attributiver Gebrauch

Im attributiven Gebrauch steht das Adjektiv (oder mehrere Adjektive) direkt vor einem Substantiv: *the old bicycle* – das alte Fahrrad. Anders als im Deutschen werden Adjektive im Englischen nicht gebeugt. Ein Adjektiv wird immer gleich geschrieben, egal wo es im Satz steht und egal ob das näher bestimmte Substantiv im Singular oder Plural gebraucht wird:

an old bicycle	ein altes Fahrrad
three old bicycles	drei alte Fahrräder
with an old bicycle	mit einem alten Fahrrad

4.3 Prädikativer Gebrauch

Im prädikativen Gebrauch steht das Adjektiv nach dem Verb und ergänzt das Subjekt oder das Objekt. Im Gegensatz zum Adverb dient es nicht dazu, eine Handlung näher zu bestimmen.

> Der prädikative Gebrauch kommt am häufigsten im Zusammenhang mit dem Verb *to be* vor:
> *I am happy.* Ich bin glücklich.

> Die Verben des Scheinens und Aussehens sowie der Sinneswahrnehmung stehen mit prädikativem Adjektiv, das das Subjekt ergänzt. Das gilt aber nur in den Fällen, in denen diese Verben als Kopula fungieren. Zu diesen Verben gehören *to seem, to appear, to look, to feel, to sound, to taste* und *to smell*.

The fabric is soft.	Der Stoff ist weich.
The fabric feels soft.	Der Stoff fühlt sich weich an.
He looks happy today.	Er sieht heute glücklich aus.

> Subjektergänzungen kommen auch in Zusammenhang mit einigen Verben der Bewegung oder der Ruhe vor, z. B. bei den Verben *to arrive* (ankommen), *to leave* (weggehen), *to lie* (liegen), *to remain* (bleiben) oder *to stay* (bleiben), *to return* (zurückkommen), *to sit* (sitzen) und *to stand* (stehen).

All of us remained calm. — Wir blieben alle ruhig.
He lay exhausted on the ground. — Er lag erschöpft auf dem Boden.

> ◀ **Regel**
>
> Eine weitere Form des prädikativen Gebrauchs ist gegeben, wenn man die Veränderung eines Zustands mit den Verben des Werdens *(to become, to get, to go* oder *to turn)* ausdrücken möchte.

It got dark around 5.30 p.m. — Es wurde gegen 17.30 dunkel.
He went mad. — Er wurde wahnsinnig.

◀ **Hinweis**

Eine andere Art des prädikativen Gebrauchs ist die Ergänzung des direkten Objekts. In solchen Fällen beschreibt das Adjektiv nicht das Subjekt (→ 10.1) des Satzes, sondern das direkte Objekt (→ 10.3), in diesem Fall *the play*.

I found the play boring. — Das Theaterstück fand ich langweilig.

4.4 Substantivierte Adjektive

◀ **Grundwissen**

Anders als im Deutschen ist es meistens nicht möglich, Adjektive in Substantive zu verwandeln, z. B. die Größten. Im Englischen muss in fast allen Fällen noch ein Substantiv als so genanntes Stützwort dabeistehen.

I'll take the red one. — Ich nehme den roten (Apfel).
the strange thing — das Seltsame

> ◀ **Regel**
>
> Das Stützwort, das wohl am häufigsten vorkommt, ist *one* (bzw. im Plural *ones*). Man benutzt es, um ein bereits genanntes Substantiv nicht wiederholen zu müssen. *one* kann eine Sache oder einen Menschen bezeichnen.

the red car or the blue one — das rote Auto oder das blaue
the tourists from China or the ones from Japan — die Touristen aus China oder die aus Japan

One kann manchmal auch benutzt werden, wenn das Substantiv vorher nicht ausdrücklich genannt wurde.

Which one is your boyfriend? Welcher ist dein Freund?

Weitere gebräuchliche Stützwörter sind *thing, person, people, man* und *woman.*

4.5 Vergleich bei Adjektiven

Regel ▶ Die Gleichheit zweier Begriffe drückt man mit *as ... as* aus.

as good as	(eben)so gut wie
as large as	(eben)so groß wie

Die Ungleichheit drückt man mit der ersten Steigerungsstufe + *than* aus:

better than	besser als
more dangerous than	gefährlicher als

Regel ▶ Wenn man aber ausdrücken möchte, dass das Erstgenannte geringer ist als das Zweitgenannte (im Deutschen *nicht so ... wie*), übersetzt man *not as ... as* oder – seltener – *less ... than.*

Denmark is not as large as Germany.	Dänemark ist nicht so groß wie Deutschland.
Skydiving is less dangerous than hang-gliding.	Fallschirmspringen ist weniger gefährlich als Drachenfliegen.

Regel ▶ Den Ausdruck *je ... desto ...* übersetzt man mit *the +* Komparativ ... *the +* Komparativ ... Anders als im Deutschen bleibt der normale Satzbau (Subjekt vor Prädikat) auch im zweiten Teil erhalten.

The later it gets, the colder it gets.	Je später es wird, desto kälter wird es.
The more renowned a gem becomes, the more valuable it becomes.	Je berühmter ein Edelstein wird, desto wertvoller wird er.

5. Adverbien

5.1 Unterschied zum Adjektiv

Anders als im Deutschen werden im Englischen Adverbien und Adjektive nicht nur unterschiedlich gebraucht, sondern auch unterschiedlich geschrieben. Während ein Adjektiv die Art oder die Eigenschaften einer Sache oder eines Menschen beschreibt und dabei ein Substantiv oder Pronomen näher bestimmt, stehen Adverbien als Ergänzungen zu Verben (1), Adjektiven (2), anderen Adverbien (3) oder auch ganzen Sätzen (4).

◀ Grundwissen

	Adverb	näher bestimmtes Wort
(1) Rob works slowly. Rob arbeitet langsam.	slowly	works
(2) The service was extremely good. Die Bedienung war äußerst gut.	extremely	good
(3) He did his work extremely well. Er hat seine Arbeit äußerst gut gemacht.	extremely	well
(4) Surprisingly, Rusty didn't mention his car. Überraschenderweise hat Rusty sein Auto nicht erwähnt.	surprisingly	(der ganze Satz)

5.2 Formen des Adverbs

Bildung des Adverbs

> Man bildet die meisten Adverbien, in dem man *-ly* an das entsprechende Adjektiv anhängt: *sad – sadly.*

◀ Regel

– Endet das Adjektiv auf *-y,* so wird *y* zu *i: happy – happily.*
– Endet das Adjektiv auf *-le* und steht davor ein Konsonant, so entfällt das *e: terrible – terribly.*
– Endet das Adjektiv auf *-ic,* so wird *-ally* angehängt: *automatic – automatically.*
– Endet das Adjektiv auf *-ll,* so wird *-y* angehängt: *full – fully.*

Adjektive mit *-ly*

Endet ein Wort auf *-ly*, kann man nicht unbedingt davon ausgehen, dass es ein Adverb ist. *Friendly, lovely, homely, lowly, sickly* sind Adjektive: *a friendly man*.

Um aus solchen Adjektiven ein Adverb zu bilden, sagt man *in a ... way* oder *in a ... manner*:

He said it in a friendly way.	Er sagte es freundlich.
He dresses in a slovenly manner.	Er zieht sich schlampig an.

Unregelmäßig gebildete Adverbien

Von den bisher behandelten Regeln weichen ab:

Adjektiv	Adverb	
good	*well*	gut
shy	*shyly*	schüchtern
public	*publicly*	öffentlich
true	*truly*	wahr
whole	*wholly*	ganz
difficult	*with difficulty*	schwierig

Ursprüngliche Adverbien

Im Englischen gibt es genau wie im Deutschen Adverbien (z. B. *sehr*), die nicht von einem Adjektiv abgeleitet sind. Zu diesen so genannten ursprünglichen Adverbien gehören u. a.:

also	auch
already	schon
always	immer
here	hier
never	nie
not	nicht
now	jetzt
often	oft
sometimes	manchmal
soon	bald
then	dann
there	da

today	heute
tomorrow	morgen
very	sehr
yesterday	gestern

Formengleichheit von Adverb und Adjektiv

Einige Adverbien und Adjektive sind form- und bedeutungsgleich. Die gebräuchlichsten davon sind: ◄ Sonderfall

daily	täglich
early	früh
enough	genug, genügend
far	weit
fast	schnell
hard	hart
late	spät
long	lang
low	tief
weekly	wöchentlich

Einige Adjektive dienen zugleich als Adverbien, bilden aber außerdem eine abgeleitete *-ly*-Form, die eine andere Bedeutung hat. ◄ Sonderfall

nicht abgeleitetes Adverb		abgeleitetes Adverb	
fair	gerecht	*fairly*	1) ziemlich, 2) gerecht
hard	hart, schwierig	*hardly*	kaum
just	gerade, soeben	*justly*	gerecht
late	spät	*lately*	in letzter Zeit
most	am meisten	*mostly*	meistens, hauptsächlich
near	nahe	*nearly*	beinahe

Einige Adverbien werden gleich geschrieben wie ein Adjektiv, haben jedoch eine völlig andere Bedeutung. ◄ Sonderfall

Adjektiv		Adverb	
clean	sauber	*clean*	glatt
ill	krank	*ill*	schlecht
only	einzige(r,s)	*only*	nur
pretty	hübsch	*pretty*	ziemlich
still	bewegungslos	*still*	noch
well	gesund	*well*	gut

Manchmal muss man die Bedeutung des Verbs (→ 6) in Betracht ziehen, um sich zu entscheiden, ob ein Adjektiv oder ein Adverb verwendet werden muss.

That man looks suspicious. (Adjektiv)	Dieser Mann sieht verdächtig aus.
That man looked at me suspiciously. (Adverb)	Dieser Mann sah mich argwöhnisch an.

Im ersten Satz bezieht sich *suspicious* nicht auf *looks*, sondern beschreibt das Subjekt (→ 10.1) *that man*. Es handelt sich um zwei verschiedene Bedeutungen von *look*: *aussehen* und *ansehen*.

Die Bedeutung spielt auch eine Rolle wenn das fragliche Wort nach einem direkten Objekt erscheint:

I found it easily. (Adverb)	Ich habe es leicht gefunden.
I found it easy. (Adjektiv)	Ich fand es einfach.

Im ersten Satz benötigt man ein Adverb, weil man die Tätigkeit des Findens näher bestimmen möchte. Im zweiten Satz erzählt man Näheres über *it*. Es handelt sich erneut um verschiedene Bedeutungen von *find*: *entdecken* und *betrachten*.

> **Regel** ▶ Nach einigen Verben steht kein Adverb, weil keine wirkliche Handlung ausgedrückt wird:

to feel	sich (an)fühlen
to seem	(er)scheinen
to sound	sich anhören, klingen
to smell	duften, riechen
to taste	schmecken

5.3 Steigerung des Adverbs

> **Regel** ▶ Die Steigerung des Adverbs erfolgt durch *more* und *most*:

easily	einfach
more easily	einfacher
most easily	am einfachsten

> **Regel**
> Einige Adverbien können nicht gesteigert werden (z. B. *sometimes*).

> **Regel**
> Einsilbige Adverbien, die nicht zur letztgenannten Gruppe gehören, werden mit *-er* und *-est* gesteigert:

Leroy ran fast.	Leroy lief schnell.
Carl ran faster.	Carl lief schneller.
Linford ran fastest.	Linford lief am schnellsten.

Unregelmäßige Steigerungen: ◄ Sonderfall

badly – worse – worst
well – better – best
much – more – most
little – less – least

5.4 Stellung im Satz

Adverbien, die Verben näher bestimmen, können in verschiedenen Stellen im Satz erscheinen: ◄ Grundwissen

vor dem Verb:	*I occasionally listen to the evening news.*
vor dem Subjekt (→ 11.1):	*Occasionally I listen to the evening news.*
nach dem direkten Objekt (→ 11.3):	*I listen to the evening news occasionally.*

> **Regel**
> Anders als im Deutschen können Adverbien im Englischen zwischen Subjekt und Verb stehen:

He often takes a walk in the Park.	Er geht oft im Park spazieren.

Adverbien, die oft an dieser Stelle erscheinen:

almost	fast
already	schon, bereits
also	auch
always	immer
hardly	kaum
just	bloß

nearly	beinahe
never	nie
normally	normalerweise
often	oft
only	nur
rarely	selten
sometimes	manchmal
still	noch
usually	üblicherweise

Regel ▶ Adverbien, die Adjektive oder andere Adverbien näher bestimmen, dürfen nur vor dem Adjektiv bzw. Adverb stehen:

She did a surprisingly good job.	Sie hat eine überraschend gute Arbeit geleistet.
She did it surprisingly well.	Sie hat es überraschend gut gemacht.

Regel ▶ Adverbien werden nie zwischen Verb und direktes Objekt gestellt:

I never eat oysters.	Ich esse nie Austern.
He quickly drew a pistol.	Er zog schnell eine Pistole.

Sonderfall ▶ Das Adverb *ago* steht unmittelbar nach einer Zeitangabe.

I travelled to Rome thirty years ago.	Vor dreißig Jahren reiste ich nach Rom.

Sonderfall ▶ Das Adverb *too* erscheint nach oder vor dem Wort, auf das es sich bezieht, je nach dem Sinn.

She's very intelligent, and personable, too.	Sie ist sehr intelligent, und sympathisch dazu.
Ollie was none too pleased to hear the news.	Ollie war keineswegs froh, die Nachrichten zu hören.

Adverbien am Satzanfang

Regel ▶ Adverbien werden oft an den Satzanfang gestellt. Diese Stellung betont das Adverb und verleiht dem Satz einen Rahmen des Ortes, der Art und Weise oder des Gefühles des Sprechers:

At the office I often suffer from headaches.
Fortunately there were no injuries.

Adverbien, die sehr oft benutzt werden, um einen ganzen Satz näher zu bestimmen, sind:

actually	eigentlich
fortunately	glücklicherweise
maybe	vielleicht
naturally	natürlich
obviously	offenbar
perhaps	vielleicht
really	tatsächlich
surely	sicherlich
unfortunately	leider

Im Gegensatz zum Deutschen haben im Englischen Adverbien am Satzanfang keine Wirkung auf die Subjekt-Verb-Reihenfolge des Hauptsatzes.

◀ Hinweis

I went to the cinema.	Ich ging ins Kino.
Yesterday evening I went to the cinema.	Gestern Abend ging ich ins Kino.

6. Verben

6.1 Einführung

Das Verb ist das wichtigste Wort im Satz. Es kann nicht nur die Tätigkeit (1), sondern auch die Existenz (2) und den Zustand (3) des Subjekts (→ 10.1) ausdrücken.

◀ Grundwissen

(1) I drank some water.	Ich trank etwas Wasser.
(2) My car is in the garage.	Mein Auto steht in der Garage.
(3) She is very happy.	Sie ist sehr glücklich.

Im Englischen gibt es zwei Verbklassen: die Hilfsverben und die Vollverben. Unter den Hilfsverben gibt es die vollständigen und die unvollständigen Hilfsverben.

Im Englischen muss zwischen zwei Formen unterschieden werden: der einfachen Form und der Verlaufsform. Im allgemeinen wird mit der einfachen Zeitform ausgedrückt, dass eine Feststellung allgemein gültig ist oder dass ein Vorgang gewöhnlich bzw. wiederholt stattfindet. Die Verlaufsform hingegen schildert einen Vorgang in seinem Verlauf während eines bestimmten Zeitraums.

Das Englische besitzt wesentlich mehr Zeitformen als das Deutsche und drückt Zeitverhältnisse dementsprechend genau aus. Es kennt folgende Zeitformen:

Präsens:	einfaches Präsens:	*I work*
	Verlaufsform des Präsens:	*I am working*
Present Perfect:	einfache Form des Present Perfect:	*I have worked*
	Verlaufsform des Present Perfect:	*I have been working*
Präteritum:	einfache Form des Präteritums:	*I worked*
	Verlaufsform des Präteritums:	*I was working*
Plusquamperfekt:	einfache Form des Plusquamperfekts:	*I had worked*
	Verlaufsform des Plusquamperfekts:	*I had been working*
Futur:	Futur mit going to:	*I am going to work*
	einfaches Futur mit will (Futur I):	*I will work*
	Verlaufsform des Futur I:	*I will be working*
einfaches Futur II:		*I will have worked*
	Verlaufsform des Futur II:	*I will have been working*

6.2 Das Vollverb

6.2.1 Das einfache Präsens

Grundwissen ▶

Das Englische besitzt zwei Formen der Gegenwart: eine einfache (das einfache Präsens) und eine erweiterte Form (Verlaufsform des Präsens).

Bildung der einfachen Form

> Das einfache Präsens besitzt in allen Personen außer der dritten Person Singular die gleiche Form wie der Infinitiv. Zur Bildung der dritten Person Singular wird -s angehängt: ◄ Regel

Infinitiv: *to work* (arbeiten)
Einfaches Präsens: *I work, you work, he works* usw.

Die Verneinung wird mit der verneinten Form von *do* (→ 6.3.3) + Infinitiv (ohne *to*) des Hauptverbs gebildet: *I don't work, you don't work, he doesn't work* usw.

> Die Frage wird mit dem Präsens von *do* + Subjekt + Infinitiv des Hauptverbs (ohne *to*) gebildet: *Do I work? Do you work? Does he work?* usw. Bei der negativen Frage ist die verkürzte Form üblich: *Don't I work?* usw. ◄ Regel

Das einfache Präsens des Verbs *work*

bejahend	verneint
I work	*I do not (don't) work*
you work	*you do not (don't) work*
he works	*he does not (doesn't) work*
she works	*she does not (doesn't) work*
it works	*it does not (doesn't) work*
we work	*we do not (don't) work*
you work	*you do not (don't) work*
they work	*they do not (don't) work*

> Verben, die auf *ss, sh, ch, x* und *o* enden, erhalten in der dritten Person Singular als Endung *-es* statt *-s*: ◄ Regel

I kiss – he kisses *I watch – she watches*
I box – she boxes *I go – he goes*
I rush – he rushes *I do – she does*

Gebrauch der einfachen Form

> Die einfache Form bezeichnet eine allgemein gültige Aussage, z. B. *Cats drink milk. Birds sing.* Sie drückt auch eine gewohnheitsmäßige, sich wiederholende Handlung aus, z. B. *I always get up at 6 o'clock.* ◄ Regel

> Aufeinander folgende Tätigkeiten werden ebenfalls mit der einfachen Form wiedergegeben:

Julie gets home from work at 7, and then she has dinner and watches television.

Julie kommt um 19 Uhr von der Arbeit nach Hause, dann isst sie zu Abend und sieht fern.

> Sie bezeichnet auch Vorgänge von Dauer ohne Rücksicht auf den zeitlichen Verlauf, z. B. *She lives in Paris.* oder *We have a horse.*

6.2.2 Die Verlaufsform des Präsens

Bildung der Verlaufsform

> Die Verlaufsform des Präsens wird mit dem Präsens des Hilfsverbs *be* und dem Partizip Präsens (Infinitiv + *-ing*) gebildet: *I am working, you are working, he is working* usw.

> Zur Verneinung wird *not* hinter dem Hilfsverb eingefügt: *I'm not working, you're not working, he's not working* usw.

> Die Frageform wird gebildet durch Umkehrung von Subjekt und Hilfsverb: *Am I working? Are you working? Is she working?* usw.

Die Verlaufsform des Präsens des Verbs work

Infinitiv: *to be working*

bejahend	verneint
I am (I'm) working	*I am not (I'm not) working*
you are (you're) working	*you are not (you're not) working*
he is (he's) working	*he is not (isn't) working*
she is (she's) working	*she is not (isn't) working*
it is (it's) working	*it is not (isn't) working*
we are (we're) working	*we are not (aren't) working*
you are (you're) working	*you are nor (aren't) working*
they are (they're) working	*they are not (aren't) working*

Gebrauch der Verlaufsform

> Die Verlaufsform des Präsens schildert den Verlauf einer Handlung oder Tätigkeit, die im Augenblick des Sprechens vor sich geht. Sie ist oft mit Adverbien wie *now* (jetzt) oder *at the moment* (im Moment) verbunden: *I am having breakfast at the moment.* (Ich frühstücke im Moment.)

◄ Regel

> Bei wiederholten oder gewohnheitsmäßen Handlungen sowie allgemeinen Feststellungen steht in der Regel keine Verlaufsform. In Verbindung mit *always* (immer) kann die erweiterte Form der Aussage jedoch einen gewissen Nachdruck verleihen oder einen bestimmten Gefühlswert beilegen, besonders Unwillen oder Vorwurf: *Why are you constantly doing that?* (Warum musst du das ständig machen?)

◄ Regel

> Durch die erweiterte Form wird die Gleichzeitigkeit mehrerer Handlungen hervorgehoben:

◄ Regel

John is washing up, his wife is working and their son is sleeping.

John wäscht gerade ab, seine Frau arbeitet und ihr Sohn schläft.

> In Verbindung mit einem festgesetzten Termin bezeichnet die Verlaufsform eine (nahe bevorstehende) zukünftige Handlung oder eine Absicht.

◄ Regel

Bei *go* und *come* kann die Zeitbestimmung entfallen. Die wichtigsten Verben, die so gebraucht werden, sind *arrive* (ankommen), *come* (kommen), *go* (gehen), *leave* (verlassen), *meet* (treffen), *see* (aufsuchen), *do* (machen, tun) und *stay* (bleiben; übernachten).

Are you coming with us? We are staying with our friends next week.

Wirst du mit uns mitkommen? Wir übernachten nächste Woche bei unseren Freunden.

> Hilfsverben bilden normalerweise keine Verlaufsform; nur das Hilfsverb *be* kennt eine Verlaufsform, die zur Bildung der passivischen Verlaufsformen bei den Vollverben dient (→ 6.2).

◄ Regel

Einfache Form statt Verlaufsform bei Zustandsverben

> **Regel** ▶ Verben, bei denen sich kein Ablauf einer Handlung vorstellen lässt, stehen normalerweise in der einfachen Form. Zu diesen Zustandsverben gehören Verben der Sinneswahrnehmung wie *see* (sehen), *hear* (hören), *notice* ((be)merken), *smell* (riechen) und *recognize* (erkennen).

> **Regel** ▶ Verben des Wünschens und Gefühlsverben werden im Allgemeinen auch nur in der einfachen Form gebraucht, z. B: *want* (wollen), *wish* (sich wünschen), *like* (mögen), *love* (lieben) und *hate* (hassen).

> **Regel** ▶ Andere Verben, bei denen nur die einfache Form gebräuchlich ist, sind diejenigen des Denkens, z. B. *think* (meinen, glauben), *believe* (glauben), *suppose* (vermuten), *know* (wissen, kennen), *understand* (verstehen), *remember* (sich erinnern) und *forget* (vergessen).

> **Regel** ▶ Bei den folgenden Verben wird ebenfalls nur das einfache Präsens verwendet: *have* (besitzen), *own* (besitzen), *contain* (beinhalten), *consist of* (bestehen aus) und *seem* (scheinen).

> **Regel** ▶ Manche Zustandsverben stehen in der erweiterten Form, wenn sie in spezieller Bedeutung verwendet werden und eine Tätigkeit bezeichnen, bei der man sich ein Ablauf vorstellen kann, z. B. *see* (Termin haben, interviewen; besuchen, besichtigen), *expect* (erwarten (besonders Baby oder Post)) und *think about* (nachdenken über).

6.3 Das Hilfsverb

Grundwissen ▶ Das Hilfsverb hat zwei Funktionen. Erstens kann es mit einem Partizip oder Infinitiv kombiniert werden, um bestimmte Zeitformen zu bilden, z. B. *I am eating.* (Ich esse gerade.) Zweitens kann es mit einem Vollverb verwendet werden, um Möglichkeit, Fähigkeit, Erlaubnis, Pflicht usw. auszudrücken, z. B. *She can swim.* (Sie kann schwimmen.)

Die wichtigsten englischen Hilfsverben lauten: *be* (sein), *have* (haben), *do* (machen/tun), *can* (können), *may* (dürfen), *must* (müssen), *need* (brauchen), *will* (werden) und *should* (sollen). Das Hilfsverb *will* wird im Kapitel Futur behandelt (→ 6.8).

> – Zur Verneinung wird *not* hinter das Hilfsverb gestellt, z. B. *he will not* (er wird nicht) oder *you cannot* (du kannst nicht).
> – Die Frageform wird durch Umkehrung von Subjekt und Hilfsverb gebildet, z. B. *Has she?* (Hat sie?)
> – Hilfsverben werden in der Alltagssprache generell abgekürzt, *had* und *would* zu *'d* kontrahiert, z. B. *I am – I'm, He cannot – He can't, They have – They've*.
> – Der Infinitiv steht hinter dem Hilfsverb. Bei *have* wird er mit *to*, bei *do, can, may, must* und *will* ohne *to* gebraucht:

◀ Regel

We have to eat.   Wir müssen essen.
She doesn't like milk.   Sie mag keine Milch.

Vollständige und unvollständige Hilfsverben

> Es gibt zwei Arten von Hilfsverben: vollständige und unvollständige. Unter den vollständigen Hilfsverben sind diejenigen zu verstehen, die alle Zeiten bilden, d. h. *be, have* und *do*. Von diesen drei Hilfsverben gibt es Infinitive und Partizipien. Sie werden zudem auch als selbstständige Vollverben gebraucht und dann wie Vollverben konjugiert.

◀ Regel

> Unvollständige Hilfsverben haben lediglich eine Gegenwartsform *(I can)* und eine Zeit der Vergangenheit *(I could)*. Im Gegensatz zu den vollständigen Hilfsverben hat die dritte Person Singular kein *-s*. Die häufigsten unvollständigen Hilfsverben sind *can* (können), *may* (dürfen), *must* (müssen), *will* (werden) und *should* (sollen).

◀ Regel

> Ein direktes Objekt kann einem unvollständigen Hilfsverb nicht unmittelbar folgen; es kann nur in Verbindung mit einem Vollverb angeschlossen werden:

◀ Regel

I can speak English.   Ich kann Englisch.
(nicht: *I can English.*)

Ein Adverb kann ebenfalls nicht einem unvollständigen Hilfsverb unmittelbar folgen, es sei denn, das Adverb erscheint zwischen Hilfsverb und Vollverb:

She must go away. (nicht: *She must away.*)	Sie muss weg.
We can only hope that it's true.	Wir können nur hoffen, dass es stimmt.

6.3.1 Das vollständige Hilfsverb *be*

Infinitiv: *to be,* Partizip: *been*

Präsens

bejahend		verneint	
I am	*I'm*	*I am not*	*I'm not*
you are	*you're*	*you are not*	*you aren't*
he is	*he's*	*he is not*	*he's not/he isn't*
she is	*she's*	*she is not*	*she's not/she isn't*
it is	*it's*	*it is not*	*it's not/it isn't*
we are	*we're*	*we are not*	*we're not/we aren't*
you are	*you're*	*you are not*	*you're not/you aren't*
they are	*they're*	*they are not*	*they're not/they aren't*

Präteritum

bejahend	verneint	
I was	*I was not*	*I wasn't*
you were	*you were not*	*your weren't*
he was	*he was not*	*he wasn't*
she was	*she was not*	*she wasn't*
it was	*it was not*	*it wasn't*
we were	*we were not*	*we weren't*
they were	*they were not*	*they weren't*

Die Frage wird durch Umstellung von Subjekt und Hilfsverb gebildet: *Am I? Was I?* usw.

Be als Hilfsverb

Als Hilfsverb wird *be* zur Bildung der Verlaufsform und zur Bildung des Passivs (→ 6.12) verwendet:

She is/She's reading.	Sie liest gerade.
The food was eaten.	Das Essen wurde gegessen.

> *Be* in Verbindung mit dem Infinitiv entspricht dem deutschen *sollen* in mehreren Varianten. Es drückt Befehle, Verpflichtungen und Absichten sowie im Präteritum schicksalshafte Fügungen aus. Auch steht es in zweifelnden Fragen:

◀ Regel

You are to pay immediately. Sie müssen sofort bezahlen.
How am I to know? Wie soll/kann ich das wissen?

Die Konstruktion *be about* + Infinitiv kommt häufig vor und drückt aus, dass man im Begriff ist, etwas zu tun: *I'm about to have a bath.* (Ich werde gleich baden.)

◀ Hinweis

Be als Vollverb

> *Be* wird im Sinne von *sich befinden, liegen, stehen, vorhanden sein* als Vollverb verwendet. In Verbindung mit *there* weist es auf einen noch nicht erwähnten Gegenstand oder eine unbestimmte Person hin. *There is/there are* entspricht auch dem deutschen *es gibt*.

◀ Regel

She is at the bridge club. Sie befindet sich im Bridgeklub.
There's no sugar in my tea. Es ist kein Zucker in meinem Tee.

> *Be* verbindet als Vollverb auch Subjekt und Prädikatsnomen, z. B. *She is very young.* (Sie ist sehr jung.)

◀ Regel

***Be* in idiomatischen Wendungen**

> *Be* wird in Ausdrücken zu körperlicher oder geistiger Verfassung, Größe und Farbe, Alter, Preis, Wetter sowie Zeit und Datum verwendet:

◀ Regel

How are you? Wie geht es Ihnen?
How tall is he? Wie groß ist er?
What time is it? Wie viel Uhr ist es?

6.3.2 Das vollständige Hilfsverb *have*

Infinitiv: *to have*
Partizip: *had*

Präsens

bejahend		verneint	
I have	I've	I have not	I haven't
you have	you've	you have not	you haven't
he has	he's	he has not	he hasn't
she has	she's	she has not	she hasn't
it has	it's	it has not	it hasn't
we have	we've	we have not	we haven't
you have	you've	you have not	you haven't
they have	they've	they have not	they haven't

Präteritum

bejahend		verneint	
I had	I'd	I had not	I hadn't
you had	you'd	you had not	you hadn't
he had	he'd	he had not	he hadn't
she had	she'd	she had not	she hadn't
it had	it'd	it had not	it hadn't
we had	we'd	we had not	we hadn't
you had	you'd	you had not	you hadn't
they had	they'd	they had not	they hadn't

Regel ▶ Die Frage wird durch Umstellung von Subjekt und Hilfsverb gebildet: *Have I?/Had I?* usw.

Hinweis ▶ Wenn *have* als Vollverb vorkommt, lautet das verneinte Präsens bzw. Präteritum: *I don't have, I didn't have* usw.

Have als Hilfsverb

Regel ▶ Viele englische Zeitformen werden mit *have* gebildet:

Present Perfect:	*I have eaten*
Plusquamperfekt:	*I had eaten*
Futur II:	*I will have eaten*
Konditional II:	*I would have eaten*

Regel ▶ *Have* + Objekt + Partizip der Vergangenheit entspricht dem deutschen etwas machen lassen, veranlassen: *We had a house built.* (Wir ließen uns ein Haus bauen.)

Regel ▶ *Have* + Infinitiv mit *to* drückt eine Notwendigkeit aus und wird im Deutschen mit *müssen* übersetzt: *She has to wear glasses.* (Sie muss eine Brille tragen.)

Die verneinenden Formen *don't/doesn't have to* werden häufig mit nicht brauchen wiedergegeben: *She doesn't have to wear glasses.* (Sie braucht keine Brille zu tragen.) ◄ Regel

Have als Vollverb

Have kommt in vielen Bedeutungen als Vollverb vor. Die häufigste Bedeutung ist *haben* im Sinne von zur Verfügung haben: *I have a car.* (Ich habe ein Auto.) ◄ Regel

Im Präsens (seltener im Präteritum) wird *have* oft mit *got* verbunden. Es gibt keinen Bedeutungsunterschied: *I've got a car.* (Ich habe ein Auto.) ◄ Regel

Fragen und Verneinungen von *have got* werden ohne *do* formuliert: *Do you have/Have you got time?* (Hast du Zeit?) ◄ Sonderfall

Have als Vollverb heißt auch *empfangen, aufnehmen* und *essen, trinken*: ◄ Hinweis

We don't have many visitors.	Wir empfangen wenig Besuch.
They have tea in the afternoon.	Sie trinken nachmittags Tee.

6.3.3 Das vollständige Hilfsverb *do*

Präsens
bejahend	verneint	
I do	I do not	I don't
you do	you do not	you don't
he does	he does not	he doesn't
she does	she does not	she doesn't
it does	it does not	it doesn't
we do	we do not	we don't
you do	you do not	you don't
they do	they do not	they don't

Die Vergangenheit wird in allen Personen mit *did* gebildet.

I did/you did usw.
I didn't/you didn't usw.
Did I? Did you? usw.
Didn't I? Didn't you? usw.

Do als Hilfsverb

Regel ▶ Das Hilfsverb *do* wird zur Bildung der Verneinung gebraucht. Sätze, die kein Hilfsverb enthalten, müssen im einfachen Präsens mit *don't/doesn't*, im einfachen Präteritum mit *didn't* + Infinitiv verneint werden:

Bejahung	Verneinung
I like classical music.	*I don't like classical music.*
She plays football.	*She doesn't play football.*
We saw our friends.	*We didn't see our friends.*

Regel ▶ Der verneinte Imperativ (→ 6.11) wird ebenfalls mit *do* gebildet, z. B. *Don't speak to me!*

Regel ▶ *Do* als Hilfsverb wird zur Bildung der Frageform verwendet. Enthält das Prädikat kein Hilfsverb, tritt bei der Fragebildung im einfachen Präsens *do/does,* im einfachen Präteritum *did* vor das Subjekt. Das Vollverb erscheint im Infinitiv: *Do you like dogs? Did he open the door?*

Regel ▶ Bei der verneinten Frage erscheinen *don't/doesn't/didn't* vor dem Subjekt, z. B. *Don't they have a car?*

Do als Vollverb

Regel ▶ *Do* ist ein Vollverb, dessen Bedeutung dem deutschen *tun, machen* entspricht. Es bildet die Verneinungs- und Frageformen im Präsens und Präteritum mit *do:*

He doesn't do this often.	Er macht das nicht oft.
When did she do that?	Wann hat sie das gemacht?

6.3.4 Das unvollständige Hilfsverb *can*

Regel ▶ *Can* drückt Erlaubnis, Fähigkeit und Möglichkeit aus.

Präsens: *I/you/he/she/it/we/you/they can*
Präteritum: *I/you/he/she/it/we/you/they could*
Konditional: *I could* usw.
Verneinung: *I cannot (can't), I could not (couldn't)* usw.
Frage: *Can I?* usw., *Could I?* usw.

> *Can* bildet weder Partizip noch Infinitiv und existiert nicht als Vollverb. Folgt ein Infinitiv, steht er ohne *to*: *I can sing. We can't swim.*

◀ Regel

Can – Erlaubnis, Verbot

> *Can* und *could* (Präteritum) können in bejahender Form eine Erlaubnis, in verneinter Form ein Verbot bezeichnen:

◀ Regel

You can leave now.	Sie können/dürfen jetzt gehen.
You can't leave now.	Sie können/dürfen jetzt nicht gehen.

> *Can I ...?* wird bei Bitten gebraucht, obwohl das Konditional wesentlich höflicher ist:

◀ Regel

Can I open the window?	Kann ich das Fenster aufmachen?
Could I open the window?	Könnte/Darf ich das Fenster aufmachen?

> In den fehlenden Zeiten und Formen wird *be allowed to* (dürfen) gebraucht:

◀ Regel

She hasn't been allowed to leave the house for weeks.	Sie darf das Haus schon wochenlang nicht verlassen.

Can – Fähigkeit, Möglichkeit

> *Can* (und *could*) werden normalerweise verwendet, um eine geistige oder eine körperliche Fähigkeit auszudrücken:

◀ Regel

He can speak English.	Er kann Englisch sprechen/ist fähig dazu, Englisch zu sprechen.

> *Can* drückt auch eine Möglichkeit aus:

◀ Regel

We can ski in the mountains.	Wir können in den Bergen Ski fahren (weil genügend Schnee liegt).

Regel ▶ In den fehlenden Zeiten und Formen tritt *be able to* (fähig sein) ein. *Can* kann durch *be able to* auch in den bestehenden Zeitformen ersetzt werden. Das Futur *muss* immer umschrieben werden:

Präsens:	*I can .../I am able to ...*
Präteritum:	*I could .../I was able to ...*
Present Perfect:	*I have been able to ...*
Plusquamperfekt:	*I had been able to ...*
Futur:	*I will be able to ...* usw.

6.3.5 Das unvollständige Hilfsverb *may*

Regel ▶ *May* drückt eine Erlaubnis, Möglichkeit oder Vermutung aus.

Präsens:	*I/you/he/she/it/we/you/they may*
Konditional:	*I/you/he/she/it/we/you/they might*
Verneinung:	*I may not* usw.
Frage:	*May I?* usw.
verneinte Frage:	*May I not?* usw.

Regel ▶ Das Präteritum wird mit *was allowed to/permitted to,* das Futur mit *will be allowed to/permitted to* umschrieben.

Regel ▶ *May* bildet weder Partizip noch Infinitiv und existiert nicht als Vollverb. Folgt ein Infinitiv, steht er ohne *to:*

I may visit you tomorrow.	Es kann sein, dass ich Sie morgen besuche.

Regel ▶ *May* wird oft durch *might* ersetzt: *It may rain./It might rain.*

May – Erlaubnis, Verbot

Regel ▶ Gegenüber *can* stellt *may* die gewähltere Ausdrucksform für eine Erlaubnis dar. In verneinter Form bezeichnet *may* ein höfliches Verbot.

May I smoke?	Darf ich rauchen?
You may not leave the room.	Sie dürfen das Zimmer nicht verlassen.

> In Verbindung mit einer Adverbialbestimmung der Zeit kann *may* futurisch verwendet werden; ohne eine solche wird *may* wie in allen anderen fehlenden Zeiten mit *be allowed to/be permitted to* umschrieben.

You may come again tomorrow.   Sie dürfen morgen wieder kommen.
I was allowed to drive my mother's car.   Ich durfte das Auto meiner Mutter fahren.

May – Möglichkeit oder Vermutung

> In Verbindung mit dem Infinitiv Präsens bezeichnet *may* eine Möglichkeit in Bezug auf die Gegenwart oder Zukunft. In der Alltagssprache wird *might* immer häufiger anstelle von *may* gebraucht:

He may ring me today./He might ring me today.   Vielleicht ruft er mich heute an.

> In Verbindung mit dem Infinitiv Perfekt bezeichnet *may* oder *might* eine Möglichkeit in Bezug auf die Vergangenheit:

She may have written us a letter./She might have written us a letter.   Vielleicht hat sie uns einen Brief geschrieben.

> Die verneinte Form von *may* oder *might* drückt eine Vermutung aus.

They may/might not have enough time.   Vielleicht haben sie nicht genug Zeit.

6.3.6 Das unvollständige Hilfsverb *must*

Präsens: *I/you/he/she/it/we/you/they must*
Verneinung: *I mustn't* usw.
Frage: *Must I?* usw.

> *Must* bildet weder Partizip noch Infinitiv und existiert nicht als Vollverb. Folgt ein Infinitiv, steht er ohne *to*: *I must go home.* (Ich muss nach Hause.)

> **Regel** ▶
>
> *Must* wird im Präsens im Sinne einer bestehenden Notwendigkeit verwendet. Mit einer entsprechenden Zeitangabe kann es auch für das Futur gebraucht werden. Bei allen anderen Zeiten und Formen wird mit *have (got) to* umschrieben. Auch im Präsens gebraucht man oft *have to* anstelle von *must*.

I must pay these bills.	Ich muss diese Rechnungen begleichen.
I must do it tomorrow.	Ich muss es morgen machen.
I will have to do it soon.	Ich werde es bald machen müssen.

> **Regel** ▶
>
> Verneintes *must* drückt ein Verbot aus. Als Umschreibung für Präsens, Futur und Präteritum wird normalerweise *not be allowed to* verwendet:

He must not do that.	Er darf das nicht machen.
He wasn't allowed to do that.	Er durfte das nicht machen.

6.3.7 *Need* als unvollständiges Hilfsverb und als Vollverb

	Hilfsverb	Vollverb
Infinitiv:	*to need*	*to need*
Partizip:	*needed*	
Präsens:	*I/you/he/she/it/we/you/they need*	
	I/you/we/they need he/she/ it needs	
Verneinung:	*I/you/he/she/it/we/they needn't* + Infinitiv ohne *to*	
	I/you/we/you/they don't need he/she/it doesn't need + direktes Objekt oder +Infinitiv mit *to*	
Frage:	*Need I/you/he/she/it/ we/you/they?* + Infinitiv ohne *to*	
	Do I/you/we/you/they need? Does he/she/it need? + direktes Objekt oder + Infinitiv mit *to*	

> **Regel** ▶
>
> Wird *need* mit einem Akkusativobjekt verbunden, so muss das Vollverb stehen. Es entspricht dem deutschen *brauchen* oder *benötigen*. Folgt ein Infinitiv, ist die mit *to* konstruierte Vollverbform gebräuchlicher als die Hilfsverbform:

I need new boots.	Ich brauche neue Stiefel.

I need to go shopping.	Ich muss einkaufen.
He needs to go out.	Er muss hinausgehen.

> **◄ Regel**
> Im Präsens wird die Frageform *Do I need to ...?* oft im Sinne von *must* verwendet, besonders dann, wenn der Sprecher auf eine verneinende Antwort hofft: *Do I need to come?/Must I come?* (Muss ich kommen?)

> **◄ Regel**
> Die verneinte Form von *need* im Sinne von nicht brauchen, nicht müssen wird im Präsens und Futur manchmal als Hilfsverb *(I needn't)*, aber öfter als Vollverb *(I don't need to)* verwendet. Das Futur kann durch *won't need to* verdeutlicht werden. Für das Präteritum ist *didn't need to* üblich:

I don't need to go to work this week. (I needn't go to work this week.)	Ich brauche diese Woche nicht zur Arbeit zu gehen.

6.3.8 Das unvollständige Hilfsverb *should*

Präsens: *I/you/he/she/it/we/you/they should*
Verneinung: *I shouldn't* usw.
Frage: *Should I?* usw.

> **◄ Regel**
> *Should* hat weder Partizip noch Infinitiv. Folgt ein Infinitiv, steht er ohne *to*.

> **◄ Regel**
> *Should* drückt einen Rat, eine Empfehlung oder eine moralische Verpflichtung aus. *Should not* bedeutet Ablehnung oder Verurteilung einer Handlung.

You should brush your teeth twice a day.	Du sollst dir zweimal am Tag die Zähne putzen.
I shouldn't tell you this.	Ich sollte es dir eigentlich nicht sagen.

> **◄ Hinweis**
> Das deutsche sollen im Sinne von *Es heißt, dass ...* wird nicht mit *should* übersetzt, sondern mit *be supposed/said* + Infinitiv mit *to*:

He is supposed/ said to be rich.	Er soll reich sein. (Es heißt, er sei reich.)

6.4 Das Present Perfect

Der Gebrauch des englischen *Present Perfect* deckt sich nur teilweise mit dem des deutschen Perfekts.

Bildung der einfachen Form

Regelmäßige Verben: *have/has* + Partizip der Vergangenheit *(-ed)*. Das Partizip bei regelmäßigen Verben hat die gleiche Form wie das Präteritum. Unregelmäßige Verben: *have/has* + Partizip der Vergangenheit. Die Form des Partizips (→ 6.15) ist nicht immer vorauszusehen. Zur Bildung des Perfekts wird immer *have* gebraucht:

We have come.	Wir sind gekommen.
She has gone.	Sie ist gegangen.

Das einfache *Present Perfect* des Verbs *work* lautet also beispielsweise:

bejahend	verneint
I *have (I've) worked*	*I have not (haven't) worked*
you have (you've) worked	*you have not (haven't) worked*
he has (he's) worked	*he has not (hasn't) worked*
she has (she's) worked	*she has not (hasn't) worked*
it has (it's) worked	*it has not (hasn't) worked*
we have (we've) worked	*we have not (haven't) worked*
you have (you've) worked	*you have not (haven't) worked*
they have (they've) worked	*they have not (haven't) worked*

Gebrauch der einfachen Form

Das englische *Present Perfect* drückt eine Verbindung zwischen Vergangenheit und Gegenwart aus. Im Gegensatz zum Deutschen, welches Präteritum und Perfekt oft ohne Bedeutungsunterschied gebraucht (z. B. haben *Ich sah dich* und *Ich habe dich gesehen.* die gleiche Bedeutung*)*, wird im Englischen streng zwischen dem Präteritum und dem *Present Perfect* unterschieden.

> **Regel**
>
> Das *Present Perfect* steht, wenn eine Handlung bzw. ein Zustand in der Vergangenheit begonnen hat und sich bis in die Gegenwart fortsetzt. Die Verbindung zwischen Vergangenheit und Gegenwart wird oft durch *for* (Zeitraum) oder *since* (Zeitpunkt) hergestellt. Im Deutschen wird sehr oft das Präsens verwendet, wenn im Englischen das *Present Perfect* stehen muss:

I have been here since 2 o'clock.	Ich bin seit 14 Uhr hier.
I have been here for three hours.	Ich bin seit drei Stunden hier.

> **Regel**
>
> Andere Zeitbestimmungen, die auf einen in die Gegenwart reichenden Zeitpunkt hinweisen und gewöhnlich das *Present Perfect* erfordern, sind z. B. *this week/month/year* (diese Woche, diesen Monat, dieses Jahr). Dagegen werden *this morning/afternoon/evening* (heute Morgen, Nachmittag, Abend) nur dann mit dem *Present Perfect* gebraucht, wenn die betreffende Tageszeit im Augenblick des Sprechens noch nicht vergangen ist, andernfalls ist das Präteritum (→ 6.5) zu verwenden:

(um 11 Uhr) *He has phoned me 5 times already this morning.*
Er hat mich schon 5-mal heute Morgen angerufen.
aber: (um 14 Uhr) *He phoned me 5 times this morning.*
Er rief mich heute Morgen 5-mal an.

> **Regel**
>
> Bei *just* (gerade) steht in der Regel das *Present Perfect*. Damit wird betont, dass eine Handlung, obwohl abgeschlossen, gerade erst passiert ist:

He's just left the room.	Er hat gerade erst das Zimmer verlassen.

> **Regel**
>
> Das *Present Perfect* wird gebraucht, wenn die Zeit einer Handlung unbestimmt ist, d. h. wenn keine oder nur eine allgemeine Zeitangabe erfolgt. Es wird nicht das wann, sondern das was betont. Dieser Gebrauch erfolgt oft mit den Wörtern *yet/already* (schon), *not yet* (noch nicht), *so far* (bis jetzt), *ever* (jemals), *never* (niemals), *lately* (in letzter Zeit) und *recently* (neulich).

Have you been to London yet?
Have you ever visited the Queen?

Warst du schon in London?
Hast du jemals die Queen besucht?

> Das *Present Perfect* bezeichnet auch eine Handlung, die zwar bereits abgeschlossen ist, in ihrer Auswirkung aber noch in der Gegenwart gilt:

I've lost my keys. Ich habe meine Schlüssel verloren (und jetzt kann ich sie nicht finden).

Bildung der Verlaufsform

> Die Verlaufsform des *Present Perfect* wird mit *have/has been* + Partizip Präsens *(-ing)* gebildet.

Die Verlaufsform des *Present Perfect* des Verbs *work*

bejahend	verneint
I have been working	*I have not been working*
you have been working	*you have not been working*
he has been working	*he has not been working*
she has been working	*she has not been working*
it has been working	*it has not been working*
we have been working	*we have not been working*
you have been working	*you have not been working*
they have been working	*they have not been working*

> Die Frage wird mit *have/has* + Subjekt + *been* + Partizip Präsens *(-ing)* gebildet: *Have I been working?* usw. Das Hilfsverb wird oft kontrahiert: *I have – I've, She has not – She hasn't.* Bei der verneinten Frage ist die kontrahierte Form üblich.

Gebrauch der Verlaufsform

> Die Verlaufsform des *Present Perfect* kann, ähnlich wie die einfache Form, eine Handlung bezeichnen, die in der Vergangenheit begonnen hat und sich bis in die Gegenwart fortsetzt oder gerade erst aufgehört hat. Im Unterschied zur einfachen Form hebt die Verlaufsform den ununterbrochenen Fortgang der Handlung hervor

und steht deshalb vor allem in Verbindung mit Verben wie *learn* (lernen), *live* (leben, wohnen), *teach* (unterrichten, lehren), *rest* (sich ausruhen), *try* (versuchen), *wait* (warten), *stay* (bleiben) und *sit* (sitzen).

I've been learning English since I moved to London.	Ich lerne Englisch (regelmäßig und oft), seitdem ich nach London gezogen bin.

◀ Regel

Die Verlaufsform drückt eine ununterbrochene Handlung aus. Deswegen wird sie nicht verwendet, wenn eine gewisse Anzahl von Handlungen erwähnt wird:

I've written four letters since breakfast.	Ich habe seit dem Frühstück vier Briefe geschrieben.
I've been writing letters all morning.	Ich schreibe schon den ganzen Vormittag (ununterbrochen) Briefe.

6.5 Das Präteritum

Das Präteritum wird für die **abgeschlossene** Vergangenheit verwendet.

◀ Grundwissen

Bildung der einfachen Form

Regelmäßige Verben: Die einfache Form des Präteritum wird mit Infinitiv ohne *to* + *-ed* gebildet:

◀ Regel

Infinitiv: *to work*   Präteritum: *worked*

Die Form bleibt in allen Personen gleich: *I worked, you worked, he worked* usw.

Unregelmäßige Verben: Es gibt viele verschiedene Formen (→ 6.19), die man einzeln lernen muss.

◀ Sonderfall

Die Verneinung von regelmäßigen und unregelmäßigen Verben wird mit *did not* + Infinitiv (ohne *to*) gebildet: *I did not (didn't) work, you did not (didn't) work* usw.

◀ Regel

Die Frageform von regelmäßigen und unregelmäßigen Verben wird mit *did* + Subjekt + Infinitiv (ohne *to*) gebildet: *Did I work? Did you work?* usw.

◀ Regel

Das einfache Präteritum des Verbs *work*

bejahend	verneint
I worked	*I did not work*
you worked	*You did not work*
he worked	*he did not work*
she worked	*she did not work*
it worked	*it did not work*
we worked	*we did not work*
you worked	*you did not work*
they worked	*they did not work*

Regel ▶ Das Hilfsverb wird bei der vereinten Aussage oft kontrahiert: *I did not – I didn't, you did not – you didn't* usw. In der verneinten Frage wird generell die kontrahierte Form verwendet: *Didn't I work?*

Gebrauch der einfachen Form

Regel ▶ Eine in der Vergangenheit abgeschlossene Handlung, die nicht in Beziehung zur Gegenwart gesetzt wird, muss im Gegensatz zum Deutschen, das hier oft das Perfekt gebraucht, im Englischen immer im Präteritum wiedergegeben werden.

Regel ▶ Es wird für eine abgeschlossene Handlung verwendet, insbesondere wenn ein Zeitpunkt in der Vergangenheit angegeben ist. Solche Zeitangaben sind z. B. *yesterday* (gestern), *last week* (letzte Woche), *the other day* (vor ein paar Tagen), *last month* (letzten Monat), *2 minutes ago* (vor zwei Minuten) oder *last night* (gestern Abend).

| *He was born in 1960.* | Er wurde 1960 geboren. |
| *We were there last year.* | Wir waren letztes Jahr dort. |

Regel ▶ Das einfache Präteritum wird auch gebraucht, wenn es eindeutig ist, dass eine Handlung abgeschlossen ist, obwohl kein Zeitpunkt erwähnt wird: *We bought the car in Italy.* (Wir haben das Auto in Italien gekauft.)

Regel ▶ Für Handlungen, die sich in einem abgeschlossenen Zeitraum abspielten, wird ebenfalls das einfache Präteritum verwendet: *We lived in London for three years.* (Wir lebten früher drei Jahre lang in London.)

Bildung der Verlaufsform

> Die Verlaufsform des Präteritums wird mit dem Präteritum des Verbs *be* + dem Partizip Präsens *(-ing)* gebildet:

◀ Regel

bejahend
I was working
you were working
he was working
she was working
it was working
we were working
you were working
they were working

verneint
I was not working
you were not working
he was not working
she was not working
it was not working
we were not working
you were not working
they were not working

> Die Frage wird mit dem Präteritum des Verbs *be* + Subjekt + Partizip Präsens *(-ing)* gebildet: *Was I working?*, *Were you working?* usw. Bei der verneinten Frage ist die kontrahierte Form üblich: *Wasn't I ...?* statt *Was I not ...?*

◀ Regel

Gebrauch der Verlaufsform

> Die Verlaufsform des Präteritums wird gebraucht, um eine Handlung in ihrem Verlauf zu einem bestimmten Zeitpunkt oder innerhalb eines bestimmten Zeitraumes in der Vergangenheit darzustellen:

◀ Regel

At 6 o'clock yesterday evening I was eating my dinner.

Um 18 Uhr gestern Abend war ich gerade dabei, Abendbrot zu essen.

> Die Verlaufsform des Präteritums schildert zwei parallel laufende, vorübergehende Handlungen in der Vergangenheit, die in ihrer Gleichzeitigkeit betont werden sollen:

◀ Regel

While she was working, he was sleeping.

Während sie gearbeitet hat, hat er geschlafen.

> Die Verlaufsform des Präteritums wird auch verwendet, wenn zwei Handlungen in der Vergangenheit zueinander in Beziehung gebracht werden sollen, von denen die eine gerade abläuft und die andere neu eintritt. Die im

◀ Regel

> Verlauf befindliche, noch andauernde Handlung steht in der Verlaufsform des Präteritums, die neu eintretende Aktion steht im einfachen Präteritum:

While I was watching television, Brian walked into the room.	Während ich ferngesehen habe, betrat Brian das Zimmer.

6.6 Das Plusquamperfekt

Bildung der einfachen Form

Regel ▶
> Die einfache Form des Plusquamperfekts wird mit *had* + Partizip der Vergangenheit gebildet und bleibt in allen Personen gleich.

Das einfache Plusquamperfekt des Verbs *work*

bejahend	verneint
I had worked	*I had not worked*
you had worked	*you had not worked*
he had worked	*he had not worked*
she had worked	*she had not worked*
it had worked	*it had not worked*
we had worked	*we had not worked*
you had worked	*you had not worked*
they had worked	*they had not worked*

Regel ▶
> Die Frage wird mit *had* + Subjekt + Partizip der Vergangenheit gebildet: *Had I worked?* usw. Das Hilfsverb kann kontrahiert werden: *I had – I'd, I had not – I hadn't*. In der verneinten Frage ist die kontrahierte Form üblich.

Gebrauch der einfachen Form

Regel ▶
> Das Plusquamperfekt betont im Englischen wie im Deutschen die Vollendung einer Handlung vor einem Zeitpunkt in der Vergangenheit. Auf das Plusquamperfekt kann eine Zeitbestimmung hinweisen, z. B. *by that time, until then, that time* (bis dahin).

By that time he had left the house.	Bis dahin hatte er das Haus verlassen.

> Häufig steht ein Nebensatz im Plusquamperfekt nach einem Hauptsatz im Präteritum. Der Nebensatz wird eingeführt durch *when* oder *after*.

After the rain had stopped, he left. Nachdem es aufgehört hatte zu regnen, ging er.

Bildung der Verlaufsform

> Die Verlaufsform des Plusquamperfekts wird durch *had been* + Partizip Präsens *(-ing)* gebildet:

bejahend
I had been working
you had been working
he had been working
she had been working
it had been working
we had been working
you had been working
they had been working

verneint
I had not been working
you had not been working
he had not been working
she had not been working
it had not been working
we had not been working
you had not been working
they had not been working

> Die Frage wird mit *had* + Subjekt + *been* + Partizip Präsens *(-ing)* gebildet: *Had I been working?* usw. Man kann das Hilfsverb kontrahieren: *I had – I'd, I had not – I hadn't*. Bei der verneinten Frage ist es üblich, die kontrahierte Form zu verwenden.

Gebrauch der Verlaufsform

> Das Verhältnis der Verlaufsform des Plusquamperfekts zur einfachen Form gleicht dem Verhältnis beider Formen im *Present Perfect* (→ 6.4). D. h. die Verlaufsform hebt v. a. den ununterbrochenen Fortgang der Handlung hervor.

> Wenn sich eine im Plusquamperfekt stehende Handlung bis zu einem Zeitpunkt der Vergangenheit fortsetzt bzw. unmittelbar an ihn heranreicht, können oft beide Formen des Plusquamperfekts verwendet werden:

It was late and she was tired because she had been studying all day/because she had studied all day.

Es war spät und sie war müde, weil sie schon den ganzen Tag gelernt hatte.

> **Regel** ▶ Eine ununterbrochene Handlung in der Vorvergangenheit wird normalerweise durch die Verlaufsform ausgedrückt, während eine wiederholte Handlung generell durch die einfache Form (→ 6.5) ausgedrückt wird:

I had been trying all morning to contact him.	Ich hatte den ganzen Vormittag versucht, ihn zu erreichen.
I had tried many times to contact him.	Ich hatte mehrmals versucht, ihn zu erreichen.

6.7 Das Futur mit *going to*

Grundwissen ▶

Ein zukünftiger Vorgang oder Zustand wird im Deutschen sehr oft im Präsens wiedergegeben. Das Englische hingegen verwendet das Futur recht häufig und mit großer Genauigkeit. Es gibt im Englischen sieben Formen des Futurs: das einfache Präsens, die Verlaufsform des Präsens, das Futur mit *going to,* das einfache Futur (Futur I), die Verlaufsform des Futur I, das einfache Futur II und die Verlaufsform des Futur II. Die erste und die zweite Form sind bereits behandelt worden (→ 6.2, 6.2.2). Jetzt werden die übrigen Formen dargestellt.

Bildung des Futurs mit *going to*

> **Regel** ▶ Das Futur mit *going to* wird mit dem Präsens von *be + going to* + Infinitiv ohne *to* gebildet.

going to – Futur des Verbs *work*

bejahend	verneint
I am ('m) going to work	*I am not (I'm not) going to work*
you are (you're) going to work	*you are not (aren't) going to work*
he is (he's) going to work	*he is not (isn't) going to work*
she is (she's) going to work	*she is not (isn't) going to work*
it is (it's) going to work	*it is not (isn't) going to work*
we are (we're) going to work	*we are not (aren't) going to work*
you are (you're) going to work	*you are not (aren't) going to work*
they are (they're) going to work	*they are not (aren't) going to work*

> Die Frage wird mit dem Präsens von *be* + Subjekt + *going to* + Infinitiv ohne *to* gebildet: *Are you going to work?* usw. Bei der verneinten Frage ist die kontrahierte Form üblich. ◀ Regel

Gebrauch des Futurs mit *going to*

> Diese Zeitform drückt eine feste Absicht oder einen festen Plan des Sprechers aus. Sie kann im Deutschen mit *vorhaben* oder *planen* übersetzt werden: ◀ Regel

I'm going to eat a pizza tonight.	Ich habe vor, heute Abend eine Pizza zu essen.
They're going to go to spend Christmas in New Zealand this year.	Sie planen, Weihnachten dieses Jahr in Neuseeland zu verbringen.

> Das *going to* – Futur wird auch verwendet, um eine Gewissheit oder Überzeugung des Sprechers auszudrücken: ◀ Regel

That isn't going to work.   Das wird nicht klappen.

6.8 Das Futur mit *will* – Futur I

Bildung der einfachen Form

> Diese Form des Futurs wird mit *will* + Infinitiv ohne *to* gebildet. ◀ Regel

bejahend	verneint
I will (I'll) work	*I will not (won't) work*
you will work	*you will not (won't) work*
he will work	*he will not (won't) work*
she will work	*she will not (won't) work*
it will work	*it will not (won't) work*
we will work	*we will not (won't) work*
you will work	*you will not (won't) work*
they will work	*they will not (won't) work*

> Die Frage wird mit *will* + Subjekt + Infinitiv ohne *to* gebildet: *Will I work?* usw. Bei der verneinten Frage ist die kontrahierte Form üblich. ◀ Regel

Gebrauch der einfachen Form

> **Regel** ▶ Das *will*-Futur wird gebraucht, wenn zukünftige Handlungen oder Ereignisse bezeichnet werden sollen:

Babies will be born in this hospital.	Babys werden in diesem Krankenhaus zur Welt kommen.
Snow will fall in the mountains in the winter.	Schnee wird im Winter in den Bergen fallen.

> **Regel** ▶ Diese Form wird auch verwendet, um Meinungen oder Vermutungen eines Sprechers wiederzugeben. Sie kommt oft mit den folgenden Verben vor: *think* (glauben), *know* (wissen), *expect* (erwarten), *believe* (glauben), *hope* (hoffen), *doubt* (bezweifeln) und *suppose* (vermuten).

He's afraid that he won't pass his exams.	Er befürchtet, dass er seine Prüfungen nicht bestehen wird.

> **Regel** ▶ Das *will*-Futur steht regelmäßig bei den Verben, die keine Verlaufsform zulassen:

You'll feel better after a cup of tea.	Du wirst dich nach einer Tasse Tee besser fühlen.

Bildung der Verlaufsform

> **Regel** ▶ Die Verlaufsform des Futurs wird mit der Zukunftsform des Verbs *be* + dem Partizip Präsens *(-ing)* gebildet.

Verlaufsform des *will*-Futurs des Verbs *work*

bejahend	verneint
I will (I'll) be working	*I will not (won't) be working*
you will (you'll) be working	*you will not (won't) be working*
he will (he'll) be working	*he will not (won't) be working*
she will (she'll) be working	*she will not (won't) be working*
it will (it'll) be working	*it will not (won't) be working*
we will (we'll) be working	*we will not (won't) be working*
you will (you'll) be working	*you will not (won't) be working*
they will (they'll) be working	*they will not (won't) be working*

> Die Frage wird mit *will* + Subjekt + *be* + Partizip Präsens *(-ing)* gebildet: *Will I be working?* usw. Bei der verneinten Frage ist die kontrahierte Form üblich.

◀ Regel

Gebrauch der Verlaufsform

> Die erweiterte Form des *will*-Futurs bezeichnet eine künftige Tätigkeit oder Handlung, die zu einem bestimmten Zeitpunkt oder in einem bestimmten Zeitraum vor sich gehen wird. Die Verlaufsform kann mit oder ohne Zeitangabe für die nahe oder entferntere Zukunft verwendet werden. Dieser Gebrauch ist mit dem Gebrauch der Verlaufsform des Präteritums vergleichbar (→ 6.5):

◀ Regel

He'll be sitting on the beach this time next week. Nächste Woche um diese Zeit wird er am Strand sitzen.

> Die Verlaufsform verdeutlicht, dass eine Handlung zu einem bestimmten Zeitpunkt bzw. bei Einsetzen eines anderen Ereignisses im Ablauf begriffen sein wird:

◀ Regel

When you come home, I will be making lunch. Wenn du nach Hause kommst, werde ich gerade das Mittagessen vorbereiten.

6.9 Das Futur II

Bildung der einfachen Form

> Die einfache Form des Futur II wird mit *will* + Infinitiv Perfekt (ohne *to*) gebildet:

◀ Regel

Die einfache Form des Futur II des Verbs *work*

bejahend	verneint
I will (I'll) have worked	*I will not (won't) have worked*
you will (you'll) have worked	*you will not (won't) have worked*
he will (he'll) have worked	*he will not (won't) have worked*
she will (she'll) have worked	*she will not (won't) have worked*
it will (it'll) have worked	*it will not (won't) have worked*

bejahend	verneint
we will (we'll) have worked	we will not (won't) have worked
you will (you'll) have worked	you will not (won't) have worked
they will (they'll) have worked	they will not (won't) have worked

> **Regel** ▶ Die Frage wird mit *will* + Subjekt + Infinitiv Perfekt (ohne *to*) gebildet: *Will I have worked?* usw. Bei der verneinten Frage ist die kontrahierte Form üblich *(won't* statt *will not)*.

Gebrauch der einfachen Form

> **Regel** ▶ Die einfache Form des Futur II bezeichnet die Vollendung einer Handlung bis zu einem bestimmten Zeitpunkt in der Zukunft, auf dessen Angabe nicht verzichtet werden kann. Er wird oft ausgedrückt durch eine Zeitbestimmung mit *by* (bis) oder *before* (bevor, vor):

By the end of the week, the postman will have brought the letter.	Bis Ende der Woche wird der Briefträger den Brief schon gebracht haben.

Bildung der Verlaufsform

> **Regel** ▶ Die Verlaufsform des Futur II wird mit *will have been* + Partizip Präsens *(-ing)* gebildet.

Verlaufsform des Futur II des Verbs *work*

bejahend	verneint
I will (I'll) have been working	*I won't have been working*
you will (you'll) have been working	*you won't have been working*
he will (he'll) have been working	*he won't have been working*
she will (she'll) have been working	*she won't have been working*
it will (it'll) have been working	*it won't have been working*
we will (we'll) have been working	*we won't have been working*

you will (you'll) have been working | you won't have been working
they will (they'll) have been working | they won't have been working

> Die Frage wird mit *will* + Subjekt + *have been* + Partizip Präsens *(-ing)* gebildet: *Will I have been working?* usw. Bei der Verneinung ist die kontrahierte Form üblich *(won't* statt *will not).* ◀ Regel

Gebrauch der Verlaufsform

> Die Verlaufsform des Futur II verdeutlicht, dass eine Handlung sich ununterbrochen bis zu einem Zeitpunkt in der Zukunft erstreckt: ◀ Regel

By the end of the year, she will have been studying for six semesters. — Bis Ende des Jahres wird sie schon sechs Semester studiert haben.

6.10 Konditional

Es gibt zwei Formen des englischen Konditionals: Konditional I und Konditional II. ◀ Grundwissen

Bildung des Konditional I

> Das Konditional I wird mit *would* + Infinitiv (ohne *to*) gebildet: ◀ Regel

bejahend	verneint
I would work	I wouldn't work
you would work	you wouldn't work
he would work	he wouldn't work
she would work	she wouldn't work
it would work	it wouldn't work
we would work	we wouldn't work
you would work	you wouldn't work
they would work	they wouldn't work

> Die Frage wird mit *would* + Subjekt + Infinitiv (ohne *to*) gebildet: *Would I work?* usw. Bei der Verneinung ist die kontrahierte Form üblich *(wouldn't* statt *would).* ◀ Regel

Bildung des Konditional II

Regel ▶ Das Konditional II wird mit *would* + Infinitiv Perfekt gebildet:

bejahend	verneint
I would've worked	*I wouldn't have worked*
you would've worked	*you wouldn't have worked*
he would've worked	*he wouldn't have worked*
she would've worked	*she wouldn't have worked*
it would've worked	*it wouldn't have worked*
we would've worked	*we wouldn't have worked*
you would've worked	*you wouldn't have worked*
they would've worked	*they wouldn't have worked*

Regel ▶ Die Frage wird mit *would* + Subjekt + Infinitiv Perfekt gebildet: *Would I have worked?* usw.

Gebrauch des Konditionals

Regel ▶ Das Konditional kann als so genanntes Futur in der Vergangenheit verwendet werden, wobei eine zukünftige Handlung vom Gesichtspunkt der Vergangenheit aus betrachtet wird. Dieser Gebrauch des Konditionals ist geläufig in der ersten Form, weniger gebräuchlich in der zweiten Form.

She was almost finished with her work. Soon she would be able to go home.	Sie war fast mit ihrer Arbeit fertig. Bald würde sie nach Hause gehen können.

Regel ▶ Das Konditional wird auch in der indirekten Rede (→ 15) benutzt. Es steht als Zeitstufe anstelle von Futur I und II nach einleitenden Verben der Vergangenheit:

»*I'll do my homework.*«	»Ich werde meine Hausaufgaben machen.«
He said that he would do his homework.	Er sagte, er werde seine Hausaufgaben machen.

Regel ▶ Das Konditional I wird im Folgesatz (→ 17) nach irrealen Bedingungen der Gegenwart gebraucht, das Konditio-nal II im Folgesatz (→ 17) nach irrealen Bedingungen der Vergangenheit:

| If I saw him, I would kiss him. | Wenn ich ihn sähe, würde ich ihn küssen. |
| If I had seen him, I would have kissed him. | Wenn ich ihn gesehen hätte, hätte ich ihn geküsst. |

6.11 Der Imperativ

Der Imperativ (die Befehlsform) existiert in allen drei Personen.

> ◀ Regel
>
> Die Befehlsform der zweiten Person wird mit dem Infinitiv ohne *to* gebildet. Sie bleibt im Singular und Plural unverändert. Im Gegensatz zum Deutschen steht ein Ausrufezeichen nur bei besonderem Nachdruck.

| *Work.* | Arbeite/Arbeitet/Arbeiten Sie! |
| *Work!* | Arbeite/Arbeitet/Arbeiten Sie doch! |

> ◀ Regel
>
> Die Verneinung wird durch ein vorangestelltes *do not (don't)* gebildet. Eine Verstärkung erfolgt durch *you*: *Don't try it. Don't you try it!*

> ◀ Regel
>
> Der Imperativ der ersten und dritten Person wird mit *let* + Personalpronomen (→ 3.1) + Infinitiv ausgedrückt. Der Imperativ in der ersten Person Singular und in der dritten Person ist selten.

| *Let us (let's) go.* | Lass uns gehen/Gehen wir! |
| *Let her go.* | Lass sie gehen! |

Die Verneinung wird durch ein vorangestelltes *do not (don't)* gebildet: *Don't let's go.*

6.12 Das Passiv

Bildung des Passivs

> ◀ Regel
>
> Das Passiv wird normalerweise gebildet durch *to be* + Partizip der Vergangenheit (+ *by* + Objekt). Das Partizip der Vergangenheit wird unterschiedlich gebildet (→ 6.15). *to be* entspricht dem deutschen *werden* in Passivkonstruktionen:

The cake is baked. Der Kuchen wird gebacken.
The man was seen. Der Mann wurde gesehen.

Das Objekt des Aktivsatzes wird zum Subjekt des Passivsatzes. Der Urheber der Handlung wird mit *by* angeschlossen, wenn er für die Aussage wichtig ist. Die Verwendung der Zeiten und des Konditionals (→ 6.10) entspricht dem Gebrauch im Aktiv.

	Aktiv	Passiv
einfaches Präsens	I bake a cake.	A cake is baked by me.
Verlaufsform des Präsens	I am baking a cake.	A cake is being baked by me.
Present Perfect	I have baked a cake.	A cake has been baked by me.
Verlaufsform des Present Perfect	I have been baking a cake.	A cake has been being baked by me.
Präteritum	I baked a cake.	A caked was baked by me.
Verlaufsform des Präteritums	I was baking a cake.	A cake was being baked by me.
Plusquamperfekt	I had baked a cake.	A cake had been baked by me.
Verlaufsform des Plusquamperfekts	I had been baking a cake.	A cake had been being baked by me.
Futur mit going to	I am going to bake a cake.	A cake is going to be baked by me.
Futur mit will	I will bake a cake.	A cake will be baked by me.
Verlaufsform des	I will be baking a cake.	A cake will be being baked by me.
Futur II	I will have baked a cake.	A cake will have been baked by me.
Verlaufsform des Futur II	I will have been baking a cake.	A cake will have been being baked by me.

Bei der Verneinung des Passivs tritt *not* hinter das erste Hilfsverb. Die Kurzformen *(wasn't, won't)* usw.) werden sehr oft gebraucht:

The cake wasn't baked Der Kuchen wurde nicht gebacken.

6.13 Konjunktiv

Der Konjunktiv drückt etwas Unwirkliches aus, das man sich nur vorstellt oder wünscht. ◀ Grundwissen

Formen des Konjunktivs

> Beim Vollverb (→ 6.2) entfällt das Endungs-*s* in der 3. Person Präsens, d. h. die Konjunktivform bleibt für alle Personen gleich: *I work, you work, he work, she work, it work, we work, you work, they work.* ◀ Regel

Der Konjunktiv Präsens von *to be* lautet für alle Personen *be*: *I be, you be, he be, she be, it be, we be, you be, they be.*

> Im Präteritum steht als Konjunktiv von *to be* in allen Personen *were*: *I were, you were, he were, she were, it were, we were, you were, they were.* ◀ Regel

Gebrauch des Konjunktivs

> Der Konjunktiv wird normalerweise in Nebensätzen nach *that* oder in Bedingungssätzen nach *if* verwendet: ◀ Regel

He suggested that we go.	Es schlug vor, dass wir gehen sollten.
If I were rich, I would never go to work again.	Wenn ich reich wäre, würde ich nie wieder arbeiten gehen.

6.14 Der Infinitiv

Der Infinitiv ist die Grundform eines Verbs. Im Englischen unterscheidet sich der Infinitiv von gleich lautenden Formen (z. B. Imperativ, Substantiv) durch das Funktionswort *to*: ◀ Grundwissen

to work – arbeiten   *Work!* – Arbeiten Sie!

> Es ist möglich, auf *to* zu verzichten, wenn aus dem Kontext klar ist, dass es sich um einen Infinitiv handelt. Bei der Verwendung im Satz muss man jedoch zwischen dem Infinitiv mit und ohne *to* unterscheiden. ◀ Regel

Formen des Infinitivs

> **Regel** ▶ Die Hauptformen des Infinitivs lauten wie folgt:

Aktiv	Präsens	Perfekt
einfache Form	*(to) give*	*(to) have given*
Passiv		
einfache Form	*(to) be given*	*(to) have been given*

Der Infinitiv nach einem Verb

Infinitiv ohne *to* nach Verben

> **Regel** ▶ Der Infinitiv ohne *to* steht nach den unvollständigen Hilfsverben (→ 6.3) sowie nach dem Hilfsverb *do* (→ 6.3.3). Zur Verneinung wird *not* bzw. *-n't* direkt hinter das Hilfsverb gestellt: *I can sing. You shouldn't do it.* Der Infinitiv ohne *to* steht nach Verben der Sinneswahrnehmung wie z. B. *see* (sehen), *watch* (beobachten), *hear* (hören) und *feel* (fühlen).

I saw her leave the theatre.	Ich sah sie das Theater verlassen.

> **Regel** ▶ Bei der Befehlsform (→ 6.11) mit *to let* sowie bei *let* als Vollverb wird der Infinitiv ohne *to* verwendet: *Let's go shopping.*

Infinitiv + *to* als Objekt oder Objektergänzung

> **Regel** ▶ Auf die folgenden Verben folgt ein Infinitiv mit *to: learn* (lernen), *forget* (vergessen), *promise* (versprechen), *regret* (bedauern), *try* (versuchen), *agree* (zustimmen), *attempt* (versuchen), *fail* (versagen), *hope* (hoffen), *decide* (entscheiden), *manage* (schaffen) oder *seem* (scheinen).

He seems to like you.	Er scheint dich zu mögen.
Please promise to post this letter.	Bitte versprich mir, dass du diesen Brief abschicken wirst.

> **Regel** ▶ Ein Objekt ergänzt der Infinitiv mit *to* nach Verben des Wünschens und Wollens: *I want him to come.* (Ich will, dass er kommt.)

> In Verbindung mit einem Interrogativpronomen (→ 3.7) kann der Infinitiv mit *to* den Satz verkürzen. Er wird anstelle eines Nebensatzes gebraucht, der im Deutschen *sollen, müssen* oder *wollen* enthält. *How* + Infinitiv mit *to* bezeichnet insbesondere die Art und Weise, in der etwas geschieht, und gleicht dem deutschen Nebensatz mit *wie man*.

◄ Regel

He told me when to visit him.	Er sagte mir, wann ich ihn besuchen solle.
I discovered how to start the car.	Ich habe entdeckt, wie man das Auto startet.

Der passivische Infinitiv

> Im Gegensatz zum Deutschen steht – besonders nach einer Form von *to be* – der Infinitiv Passiv, wenn der Satz passivische Bedeutung (→ 6.12) hat:

◄ Regel

What is to be done?	Was ist zu tun?

> Trotz passivischer Bedeutung steht der Infinitiv im Aktiv nach folgenden Adjektiven: *easy* (leicht), *difficult/hard* (schwierig) und *interesting* (interessant).

◄ Sonderfall

Her English is easy to understand.	Ihr Englisch ist leicht zu verstehen.

Der Infinitiv anstelle eines Relativsatzes

> Der Infinitiv anstelle eines Relativsatzes steht häufig nach den folgenden Ausdrücken: *the first, the next, the last* und *the only*.

◄ Regel

I'm always the last to get out of bed in the morning. Ich bin morgens immer der Letzte, der aufsteht.
(*I'm always the last person who gets out of bed in the morning.*)

> Oft vertritt ein Infinitiv in Verbindung mit einer Präposition einen Relativsatz:

◄ Regel

They have three dogs to look after.	Sie haben drei Hunde, um die sie sich kümmern müssen.

6.15 Die Partizipien

Grundwissen

Im Englischen gibt es vier Hauptformen des Partizips. Sie dienen vor allem zur Zeitbildung (Verlaufsform, Passiv, einfache Vergangenheitszeiten). Die Partizipien besitzen auch adjektivische und verbale Funktionen.

Die Partizipien des Verbs *to write*

	Präsens	Perfekt
Aktiv	*writing*	*having written*
Passiv	*being written*	*having been written*

Die einfache Form *written* wird als Partizip der Vergangenheit *(past participle)* bezeichnet. Die aktiven Formen des Partizips gleichen denen des Gerundiums (→ 6.16). Der Unterschied zwischen Gerundium und Partizip ist oft unwesentlich.

Das Partizip als Adjektiv

Regel

> Das Partizip Präsens Aktiv (auf *-ing*) kann wie ein Adjektiv (→ 4) verwendet und durch ein Adverb näher bestimmt werden. Es kann auch gesteigert werden (→ 4.1) und Adverbien auf *-ly* bilden (→ 5.2). Es wird attributiv und prädikativ verwendet:

This is a very interesting book.	Dies ist ein sehr interessantes Buch.
It was surprisingly hot yesterday.	Es war gestern überraschend warm.

Regel

> Das Partizip der Vergangenheit kann auch als Adjektiv fungieren. Wie das Partizip Präsens kann man es steigern, prädikativ verwenden und ein Adverb davon ableiten: *It's more complicated than I thought.* (Es ist komplizierter, als ich dachte.)

Partizipien in verbaler Funktion

Regel

> Das Partizip Präsens wird zur Bildung der Verlaufsform verwendet; das Partizip der Vergangenheit ist die Grundlage für das Passiv und einfache Zeiten der Vergangenheit:

I am eating.   Ich esse (im Moment.)
I have seen you.   Ich habe dich gesehen.

> **Regel**
> Die beiden Formen des Partizip Präsens drücken eine Gleichzeitigkeit zur Zeitebene des Hauptsatzes aus.

The girl standing at the   Das Mädchen, das vor der
door was very pretty.   Tür stand, war sehr hübsch.

> **Regel**
> Das Partizip Perfekt Aktiv und – seltener – das Partizip Perfekt Passiv bringen eine Vorzeitigkeit zum Ausdruck:

Having spoken to him   Nachdem ich mit ihm gespro-
I was convinced that   chen hatte, war ich über-
he was wrong.   zeugt, dass er Unrecht hatte.

Das verbundene Partizip

> **Regel**
> Das verbundene Partizip bezieht sich auf ein Satzglied des Hauptsatzes. Es kann Relativsätze vertreten:

I knew the man sitting   Ich kannte den Mann, der
next to me.   neben mir saß.

> **Regel**
> Das verbundene Partizip vertritt auch adverbiale Nebensätze, besonders Nebensätze der Zeit, des Grundes sowie der Art und Weise:

Leaving the room,   Als er das Zimmer verließ,
he heard a sound.   hörte er ein Geräusch.
She walked down the street,   Sie ging singend und lachend
singing and laughing.   die Straße entlang.

Das unverbundene Partizip

> **Regel**
> Das unverbundene Partizip bezieht sich im Gegensatz zum verbundenen Partizip nicht auf ein Satzglied des Hauptsatzes, sondern hat ein eigenes Bezugswort. Es vertritt Nebensätze der Zeit, des Grundes, der Bedingung und der Art und Weise. Diese Konstruktion wird meistens in der Schriftsprache gebraucht:

Weather permitting,   Wenn das Wetter es erlaubt,
we'll go on a picnic.   machen wir ein Picknick.

6.16 Gerundium

Das Gerundium ist ein substantiviertes Verb und vereint in sich daher Eigenschaften von Verben und von Substantiven.

Formen des Gerundiums

	Präsens	Perfekt
Aktiv	*writing*	*having written*
Passiv	*being written*	*having been written*

> Die Formen des Gerundiums sind identisch mit den Formen des Partizips (→ 6.15). Die *-ing*-Form des Gerundiums (Präsens Aktiv) wird am häufigsten verwendet. Die Passivformen des Gerundiums werden bei passivischem Sinn gebraucht:

| *Walking is healthy.* | Gehen ist gesund. |
| *Our dog loves being walked.* | Unser Hund liebt es, ausgeführt zu werden. |

Gebrauch des Gerundiums

> Das Gerundium wird verwendet als Subjekt oder Objekt eines Satzes, nach Präpositionen und bestimmten Verben, als eigener Handlungsträger oder in bestimmten Wendungen.

Das Gerundium als Subjekt

> Das Gerundium kann als Subjekt eines Satzes dienen, der eine allgemeine Aussage trifft, z. B. *Swimming is healthy.* (Schwimmen ist gesund.) Das Gerundium kann entsprechend seinem Verbalcharakter mit direktem Objekt und Adverb konstruiert werden oder entsprechend seinem substantivischen Charakter mit Artikel, Possessiv- oder Demonstrativpronomen (→ 3) stehen sowie ein Adjektiv und ein Genitivobjekt bei sich haben:

| *The careful reading of this book is important.* *(Reading this book carefully is important.)* | Das sorgfältige Lesen dieses Buches ist wichtig. |

Das Gerundium als Objekt eines Satzes

> **Regel**
>
> Das Gerundium kann auch als Objekt eines Satzes erscheinen, z. B. *I like reading.* (Ich lese gern.) Das Gerundium als Objekt kann wiederum mit einem Objekt verbunden sein (1) und durch ein Adverb näher bestimmt werden (2):

(1) I like reading books.	Ich lese gern Bücher.
(2) They dislike jogging slowly.	Sie joggen nicht gerne langsam.

Das Gerundium nach Präpositionen

> **Regel**
>
> Nach Präpositionen kann als verbale Ergänzung nur das Gerundium gebraucht werden, z. B. *She is good at speaking English.* (Sie kann gut Englisch sprechen.) Im Englischen ist es möglich, eine Präposition und ein Gerundium zu einer adverbialen Bestimmung zu kombinieren. Solche adverbiale Bestimmungen werden mit folgenden Präpositionen gebildet: *after* (nachdem), *instead of* (anstatt zu), *before* (bevor, ehe), *on* (als), *by* (dadurch, dass), *without* (ohne zu) und *for* (weil; dafür, dass).

After closing the door, he left the room.	Nachdem er die Tür zugemacht hatte, verließ er das Zimmer.

Verben, die das Gerundium benötigen

> **Regel**
>
> Nach den folgenden Verben muss das Gerundium stehen: *avoid* (vermeiden), *delay* (verschieben), *enjoy* (Spaß haben), *finish* (beenden), *mind* (etwas dagegen haben), *miss* (versäumen; vermissen) und *risk* (wagen).

She avoids talking to him.	Sie vermeidet es, mit ihm zu reden.

6.17 Transitive und intransitive Verben

Transitive Verben

> **Grundwissen**
>
> Alle Verben, die mit einem direkten Objekt verbunden sind, heißen transitive Verben, z. B.: *I eat meat.* (Ich esse

Fleisch.) Die Zahl der transitiven Verben ist im Englischen größer als im Deutschen, weil es nur eine Objektform gibt.

Intransitive Verben

Grundwissen ▶

Verben, die kein direktes Objekt bei sich haben, werden intransitiv genannt. Sie können keine Passivform bilden (→ 6.12). Manche Verben können transitiv oder intransitiv sein.

Regel ▶

> Zu den rein intransitiven Verben gehören u. a. *ache* (wehtun), *come* (kommen), *go* (gehen), *appear* (erscheinen) und *arrive* (ankommen).

| *My head aches.* | Mein Kopft tut (mir) weh. |
| *The man appeared.* | Der Mann erschien. |

Regel ▶

> Manche Verben können sowohl transitiv (mit direktem Objekt) als auch intransitiv (ohne direktes Objekt) verwendet werden. Dazu gehören z. B. *answer* (antworten), *begin* (anfangen), *close* (schließen), *read* (lesen), *shake* (schütteln), *understand* (verstehen) und *write* (schreiben).

| intransitiv | *The shop closed.* | Das Geschäft schloss. |
| transitiv | *He closed the shop.* | Er schloss das Geschäft. |

6.18 Verb + Adverb oder Präposition *(Phrasal Verbs)*

Grundwissen ▶

Eines der Merkmale des englischen Verbs ist seine Fähigkeit, sich mit Adverbien und Präpositionen zu verbinden.

Die häufigsten Kombinationen bestehen aus oft gebrauchten Verben (z. B. *be, do, go, let, put*) und Adverbien bzw. Präpositionen, die einen Ort oder eine Richtung bezeichnen (z. B. *in, off, on, under).*

Ein Verb kann mit vielen Partikeln kombiniert werden, wobei sich verschiedene Bedeutungen ergeben:

to put   *put on* – (Kleidung) anziehen
            put in – hineinstellen

put up – (jemandem) Unterkunft gewähren
put off – abstoßen; entmutigen

Die wichtigsten Arten der *Phrasal Verbs*

Verb + Präposition

> **◀ Regel**
> Diese Kombinationen aus Verb und Präposition werden mit Objekt gebraucht. Die Präposition ist immer unbetont.

We must go into this problem more deeply.	Wir müssen dieses Problem gründlicher erforschen.
I'll have to see about it.	Ich muss es mir überlegen.

Verb + Präposition/Adverb

> **◀ Regel**
> Diese Kombinationen aus Verb und Präposition/Adverb sind teils transitiv, teils intransitiv. Präposition und Adverb werden betont.

She broke down when she heard the news.	Sie brach zusammen, als sie die Nachricht hörte.
Carry on!	Mach weiter!
Hold on! I'll come with you.	Wartet mal! Ich komme mit!

Verb + Objekt + Partikel oder Verb + Partikel + Objekt

> **◀ Regel**
> Bei fast allen Verben in dieser Kategorie sind beide Kombinationen möglich, z. B. *to take one's shoes off* oder *to take off one's shoes*. Wenn das Objekt ein Personalpronomen (→ 3.1) ist, wird es zwischen Verb und Partikel gestellt: *bring him up, do it up* usw. Bei allen Verben sind auch passivische Konstruktionen möglich.

We carried on until dusk.	Wir machten bis zum Einbruch der Dunkelheit weiter.
Brian has really let me down.	Brian hat mich wirklich enttäuscht.

Verb + Partikel + Präposition

> **◀ Regel**
> Die Partikel wird bei diesen Verben immer betont. Passivische Konstruktionen sind selten.

I'm really fed up with this weather. — Ich habe die Nase voll von diesem Wetter.
You have to face up to facts. — Du musst den Tatsachen ins Auge sehen.
We've run out of tea. — Wir haben keinen Tee mehr.

6.19 Regelmäßige und unregelmäßige Verben

Eine Liste der wichtigsten unregelmäßigen Verben

Grundwissen ▶

Verb	Präteritum	Partizip	Übersetzung
arise	arose	arisen	aufstehen
awake	awoke	awoken	aufwecken
be	was/were	been	sein
beat	beat	beaten	schlagen
become	became	become	werden
begin	began	begun	anfangen
bend	bent	bent	(sich) biegen
bet	bet/betted	bet/betted	wetten
bind	bound	bound	binden
bite	bit	bitten	beißen
bleed	bled	bled	bluten
blow	blew	blown	blasen
break	broke	broken	(zer)brechen
bring	brought	brought	bringen
build	built	built	bauen
burn	burnt/burned	burnt/burned	(ver)brennen
burst	burst	burst	bersten
buy	bought	bought	kaufen
can	could	–	können
catch	caught	caught	fangen
choose	chose	chosen	(aus)wählen
come	came	come	kommen
cost	cost	cost	kosten
creep	crept	crept	kriechen
cut	cut	cut	schneiden
deal	dealt	dealt	austeilen
dig	dug	dug	graben
do	did	done	machen, tun
draw	drew	drawn	zeichnen, ziehen
dream	dreamt/dreamed	dreamt/dreamed	träumen

drink	drank	drunk	trinken
drive	drove	driven	fahren
eat	ate	eaten	essen
fall	fell	fallen	fallen
feed	fed	fed	füttern
feel	felt	felt	(sich) fühlen
fight	fought	fought	kämpfen
find	found	found	finden
flee	fled	fled	flüchten
fly	flew	flown	fliegen
forbid	forbade	forbidden	verbieten
forget	forgot	forgotten	vergessen
forgive	forgave	forgiven	verzeihen
freeze	froze	frozen	frieren
get	got	got (US gotten)	werden, bekommen
give	gave	given	geben
go	went	gone	gehen
grow	grew	grown	wachsen
hang	hung	hung	hängen
have	had	had	haben
hear	heard	heard	hören
hide	hid	hid	verstecken
hit	hit	hit	schlagen
hold	held	held	halten
hurt	hurt	hurt	verletzen
keep	kept	kept	behalten
knit	knit/knitted	knit/knitted	stricken
know	knew	known	wissen, kennen
lay	laid	laid	legen
lead	led	led	führen
lean	leant/leaned	leant/leaned	(sich) lehnen
leap	leapt	leapt	springen
learn	learnt/learned	learnt/learned	lernen
leave	left	left	verlassen
lend	lent	lent	(ver)leihen
let	let	let	lassen
lie	lay	lain	liegen
light	lit	lit	anzünden
lose	lost	lost	verlieren
make	made	made	machen
mean	meant	meant	meinen, bedeuten

meet	met	met	treffen, kennen lernen
pay	paid	paid	bezahlen
put	put	put	setzen, legen, stellen
quit	quit	quit	verlassen
read	read	read	lesen
rend	rent	rent	(zer)reißen
ride	rode	ridden	reiten
ring	rang	rung	läuten, klingeln
rise	rose	risen	sich erheben
run	ran	run	rennen, laufen
say	said	said	sagen
see	saw	seen	sehen
sell	sold	sold	verkaufen
send	sent	sent	schicken
set	set	set	setzen, stellen
sew	sewed	sewn	nähen
shake	shook	shaken	schütteln
shave	shaved	shaved/shaven	(sich) rasieren
shine	shone	shone	scheinen
shoot	shot	shot	(er)schießen
show	showed	shown	zeigen
hrink	shrank	shrunk	schrumpfen
shut	shut	shut	schließen
sing	sang	sung	singen
sink	sank	sunk	sinken
sit	sat	sat	sitzen
sleep	slept	slept	schlafen
slide	slid	slid	rutschen
slink	slunk	slunk	schleichen
smell	smelt/smelled	smelt/smelled	riechen
speak	spoke	spoken	sprechen
speed	sped	sped	rasen
spell	spelt/spelled	spelt/spelled	buchstabieren
spend	spent	spent	verbringen, ausgeben
spin	span	spun	spinnen
spit	spat	spat	spucken
split	split	split	spalten, teilen
spoil	spoilt/spoiled	spoilt/spoiled	verderben, verwöhnen

spread	spread	spread	(aus-, ver-)breiten
spring	sprang	sprung	springen
stand	stood	stood	stehen
steal	stole	stolen	stehlen
stick	stuck	stuck	stecken, kleben
sting	stang	stung	stechen
stink	stank	stunk	stinken
strew	strewed	strewed/strewn	streuen
stride	strode	stridden	schreiten
strike	struck	struck	schlagen
string	strung	strung	spannen
swear	swore	sworn	schimpfen, schwören
sweep	swept	swept	kehren
swell	swelled	swollen/swelled	(an)schwellen
swim	swam	swum	schwimmen
swing	swang	swung	schwingen, schaukeln
take	took	taken	nehmen
teach	taught	taught	lehren
tear	tore	torn	(zer)reißen
tell	told	told	erzählen
think	thought	thought	denken
throw	threw	thrown	werfen
understand	understood	understood	verstehen
wake	woke	woken	(auf)wecken
wear	wore	worn	tragen
weep	wept	wept	weinen
win	won	won	gewinnen
wind	wound	wound	aufziehen
write	wrote	written	schreiben

7. Präpositionen

Präpositionen (Verhältniswörter) dienen dazu, örtliche, zeitliche und abstrakte Verhältnisse auszudrücken. Sie stehen vor Substantiven, Pronomen und Gerundien.

7.1 Präpositionen, die einen Ort bezeichnen

above — über/oberhalb:
Munich is 500 metres above sea level.
München liegt 500 Meter über dem Meeresspiegel.

at — an, bei, in:
We were standing at the corner.
Wir standen an der Ecke.
He's at his sister's.
Er ist bei seiner Schwester.
She's at school.
Sie ist in der Schule.

behind — hinter:
The cat is hiding behind the sofa.
Die Katze versteckt sich hinter dem Sofa.

below — unter:
Here we are below sea level.
Hier befinden wir uns unter dem Meeresspiegel.

between — zwischen:
She was sitting between them.
Sie saß zwischen ihnen.

in — in:
He lives in England.
Er wohnt in England.

in front of — vor:
He left the pram in front of the theatre.
Er ließ den Kinderwagen vor dem Theater stehen.

inside — in/innerhalb:
We stood inside the hollow tree trunk.
Wir standen im/innerhalb des hohlen Baumstamm(s).

near — in der Nähe von:
Tom lives near the station.
Tom wohnt in der Nähe des Bahnhofs.

next to — neben:
I stood next to the President.
Ich stand neben dem Präsidenten.

on — auf, an:
The milk bottle is on the table.
Die Milchflasche steht auf dem Tisch.

opposite — gegenüber (von):
Max sat opposite me.
Max saß mir gegenüber.

outside — draußen (vor):
John waited outside the hotel.
John wartete draußen vor dem Hotel.

over — über:
He held the umbrella over her head.
Er hielt den Schirm über ihren Kopf.

under	unter:
The book is under the bed.	Das Buch ist unter dem Bett.
with	bei:
Maggie lives with her mother.	Maggie wohnt bei ihrer Mutter.

7.2 Präpositionen, die eine Richtung angeben

across	über (... hinüber):
Judith ran across the road.	Judith lief über die Straße.
down	hinunter/herunter:
Lilian fell down the steps.	Lilian ist die Treppe herunter-/hinuntergefallen.
from	aus, von:
He's from France.	Er kommt aus Frankreich.
into	in ... hinein:
He went into the shop.	Er ging in den Laden.
out of	aus ... hinaus:
She walked out of the room.	Sie ging aus dem Zimmer.
over	über:
She spread the blanket over the bed.	Sie breitete die Decke über das Bett.
through	durch:
We drove slowly through the wood.	Wir fuhren langsam durch den Wald.
to	zu, in, nach:
Did you go to the doctor?	Bist du zum Arzt gegangen?
towards	auf ... zu:
He walked towards the car.	Er ging auf das Auto zu.
up	hinauf:
Joe ran up the hill.	Joe lief den Hügel hinauf.

7.3 Präpositionen, die einen Zeitpunkt oder eine Zeitspanne angeben

after	nach:
After dinner we went for a walk.	Nach dem Essen sind wir spazieren gegangen.
ago	vor (Es steht nach dem Substantiv):
I painted the window-frames two years ago.	Ich habe die Fensterrahmen vor zwei Jahren gestrichen.

at	um:
at eleven o'clock	um elf Uhr
before	vor:
We went for a walk before dinner.	Wir sind vor dem Essen spazieren gegangen.
between	zwischen:
Amy always gets up between six and seven o'clock.	Amy steht immer zwischen sechs und sieben Uhr auf.
by	bis:
Can you do it by tomorrow?	Können Sie es bis morgen machen?
during	während:
He fell asleep during the film.	Er ist während des Films eingeschlafen.
for	seit:
I haven't seen him for three years.	Ich habe ihn seit drei Jahren nicht mehr gesehen.
from ... to	von ... bis:
Edward Heath was Prime Minister from 1970 to 1974.	Edward Heath war von 1970 bis 1974 Premierminister.
in	am, im, in:
in the morning	am Vormittag
on	am:
on Saturday	am Samstag
since	seit:
John's been living in Australia since 1970.	John lebt schon seit 1970 in Australien.
to	vor:
It is ten to five.	Es ist zehn Minuten vor fünf.
until	bis:
He waited until nine o'clock.	Er hat bis neun Uhr gewartet.
within	innerhalb (von):
The bridge was built within six months.	Die Brücke wurde innerhalb von sechs Monaten gebaut.

7.4 Andere wichtige Präpositionen

about	über, ungefähr:
Samantha has written an article about fashion.	Samantha hat einen Artikel über Mode geschrieben.
according to	nach/laut:
According to the newspaper, he has a great future.	Nach der/Laut Zeitung hat er eine große Zukunft.

against	gegen:
Many people are against the new motorway.	Viele Leute sind gegen die neue Autobahn.
because of	wegen:
Because of her smile she got the part.	Wegen ihres Lächelns bekam sie die Rolle.
by	von, mit:
The opera is by Verdi.	Die Oper ist von Verdi.
except (for)	außer/bis auf:
Everyone arrived on time except (for) Jane.	Alle außer/bis auf Jane sind rechtzeitig gekommen.
for	für:
The flowers are for her.	Die Blumen sind für sie.
from	von:
We've got an invitation from the Eliots.	Wir haben eine Einladung von den Eliots bekommen.
instead of	statt/anstelle von:
Mike bought sugar instead of salt.	Mike hat Zucker statt/anstelle von Salz gekauft.
like	wie:
That man looks like a nice follow.	Dieser Mann sieht aus wie ein netter Kerl.
of	von:
She is the author of three famous tragedies.	Sie ist die Autorin von drei berühmten Tragödien.
on	über:
He's written an article on English politics.	Er hat einen Artikel über die englische Politik geschrieben.
unlike	im Gegensatz zu:
Unlike his father, Mark is a good driver.	Im Gegensatz zu seinem Vater ist Mark ein guter Fahrer.
with	mit:
He dug up the lawn with a spade.	Er grub den Rasen mit einem Spaten um.
without	ohne:
You should never leave the house without an umbrella.	Man sollte das Haus nie ohne Schirm verlassen.

8. Konjunktionen

Konjunktionen (Bindewörter) dienen dazu, Wörter miteinander, Hauptsätze untereinander und Nebensätze mit Hauptsätzen zu verknüpfen:

*John is gardener **and** Mary is a teacher.*
*David put on his coat **because** it was raining.*

8.1 Koordinierende Konjunktionen

> Koordinierende Konjunktionen (beiordnende Bindewörter) verbinden grammatikalisch gleichartige Wörter, Satzteile oder Sätze. Die nebeneinander stehenden Teile werden in diesem Fall als gleichermaßen wichtig erachtet:

You read a book and I'll do the washing up.

Wichtige koordinierende Konjunktionen sind z. B.:

– die kopulativen Konjunktionen (die reihenden Bindewörter). Zu dieser Klasse gehören z. B. *and, as well as, both ... and ..., not only ... but also* und *neither ... nor:*

Little Toby would like a brother as well as a sister.	Der kleine Toby möchte sowohl einen Bruder als auch eine Schwester.
Neither my father nor I will be present.	Weder mein Vater noch ich werden anwesend sein.

– die disjunktiven Konjunktionen (die ausschließenden Bindewörter). Dazu gehören z. B. *or* und *either ... or:*

Would you like a whisky or a brandy?	Möchten Sie einen Whisky oder einen Weinbrand?
We could either go out or stay at home.	Wir könnten entweder ausgehen oder zu Hause bleiben.

– die adversativen und restriktiven Konjunktionen (die entgegensetzenden und einschränkenden Bindewörter). Dazu zählen z. B. *but, however, nevertheless* und *yet:*

I drink lots of tea, but never with milk.	Ich trinke viel Tee, jedoch nie mit Milch.

8.2 Subordinierende Konjunktionen

> Subordinierende Konjunktionen (unterordnende Bindewörter) verbinden Nebensätze mit dem übergeordneten

> Satz. Sie dienen dazu, die Art des Verhältnisses zwischen den Satzteilen auszudrücken:

Jane is going on holiday to Spain, where it is warm.
Jane macht Urlaub in Spanien, wo es warm ist.
Julian went into town in order to buy a newspaper.
Julian ging in die Stadt, um eine Zeitung zu kaufen.

Wichtige subordinierende Konjunktionen sind z. B.:

– die Konjunktionen der Zeit. Dazu gehören z. B. *when, before, after, since, as, whenever, as soon as* und *until*:

After he had got on the train, Jim fell asleep.
Nachdem er in den Zug eingestiegen war, schlief Jim ein.

– die Konjunktionen der Bedingung. Dazu zählen z. B. *if, even if, unless, as long as* und *in case*:

If it rains tomorrow, I'll clean the flat.
Wenn/Falls es morgen regnet, werde ich die Wohnung sauber machen.
You had better take an umbrella with you in case it rains.
Nehmen Sie lieber einen Schirm mit, falls es regnen sollte.

– die Konjunktionen des Grundes zu nennen. Darunter fallen z. B. *because, as* und *since*:

As it was hot, he was only wearing a pair of shorts.
Da es heiß war, trug er nur kurze Hosen.

– die Konjunktionen der Einräumung und des Gegensatzes. Hierzu gehören z. B. *although/though, while* und *whereas*:

Teresa likes wine, whereas her husband prefers beer.
Teresa trinkt gern Wein, während ihr Mann Bier bevorzugt.

– die Konjunktionen des Vergleichs. Dazu zählen z. B. *as, as if* und *than*:

He steered the boat as he had been taught to.
Er steuerte das Boot, wie man es ihm beigebracht hatte.

9. Die Zahlwörter

9.1 Die Grundzahlen

Grundwissen ▶

0	nought	10	ten	20	twenty
1	one	11	eleven	21	twenty-one (usw.)
2	two	12	twelve	30	thirty
3	three	13	thirteen	40	forty
4	four	14	fourteen	50	fifty
5	five	15	fifteen	60	sixty
6	six	16	sixteen	70	seventy
7	seven	17	seventeen	80	eighty
8	eight	18	eighteen	90	ninety
9	nine	19	nineteen	100	a/one hundred

101	a/one hundred and one
173	a/one hundred and seventy-three
200	two hundred
1,000	a/one thousand
1,082	a/one thousand and eighty-two
1,000,000	a/one million

Vor 100, 1000, 100 000 usw. steht normalerweise der unbestimmte Artikel a (→ 2.3). Wenn man aber die Anzahl betonen will, kann one vor dem Zahlwort stehen:

He spent a hundred pounds.   Er gab hundert Pfund aus.
Altogether he spent   Insgesamt gab er eine
one million dollars.   Million Dollar aus.

In der Regel erhalten *hundred* usw. im Plural kein *-s*. Wenn man sie aber substantivisch (z. B. vor einem *of*-Genitiv (→ 1.3) verwendet, bekommen sie ein *-s*:

There were thousands of   Tausende von Menschen
people at the football match.   waren bei dem Fußballspiel.

Zusammengesetzte Zahlen

Man verbindet zweistellige Zahlen ab 21 durch einen Bindestrich, z. B. *twenty-five* oder *ninety-four*.
Man verbindet die Wörter *hundred, thousand, million* usw. mit den Zehner- und Einerzahlen durch die Konjunktion (→ 8) *and*, z. B. *a/one hundred and thirteen*.

9.2 Die Ordnungszahlen

> Ordnungszahlen stellen eine Rang- oder Reihenfolge her (das Erste, das Zweite ...). Um die meisten Ordnungszahlen zu bilden, muss man -*th* an das Ende der Grundzahl anfügen. Dies gilt auch, wenn man eine Zahl in Ziffern schreibt:

◀ Regel

Grundzahl	Ordnungszahl
six (6)	*sixth (6th)*
ten (10)	*tenth (10th)*
hundred (100)	*hundredth (100th)*
two thousand (2,000)	*two thousandth (2,000th)*

Es gibt aber einige unregelmäßig gebildete Ordnungszahlen:

◀ Sonderfall

Grundzahl	Ordnungszahl
one (1)	*first (1st)*
two (2)	*second (2nd)*
three (3)	*third (3rd)*
five (5)	*fifth (5th)*
eight (8)	*eighth (8th)*
nine (9)	*ninth (9th)*
twelve (12)	*twelfth (12th)*
twenty-one (21)	*twenty-first (21st)*
twenty-two (22)	*twenty-second (22nd)* usw.

> Wenn eine Grundzahl mit -*ty* endet (z. B. *twenty*), bildet man ihre Ordnungszahl, indem man das -*ty* am Zahlenende durch -*tieth* ersetzt, z. B. *twenty (20), twentieth (20th); thirty (30), thirtieth (30th)*.

◀ Regel

9.3 Jahreszahlen und Datumsangaben

> Jahreszahlen werden normalerweise als zwei einzelne Zahlen gesprochen. Die erste Zahl ist die des entsprechenden Jahrhunderts, darauf folgen Jahrzehnt und Jahr als eine Zahl. Im Gegensatz zum Deutschen wird das Wort *hundred* (hundert) im Englischen selten bei Jahreszahlen mitgesprochen:

◀ Regel

376   three seventy-six   1994   nineteen ninety-four

> **Regel** ▶ Bei Datumsangaben kann man den Tag vor dem Monat oder umgekehrt schreiben:

Geschrieben: *3rd May(,) 1993   3 May(,) 1993*
Gesprochen: *the third of May, nineteen ninety-three*
Geschrieben: *May 3rd, 1993   May 3, 1993*
Gesprochen: *May the third, nineteen ninety-three*

9.4 Uhrzeit

> **Regel** ▶ Uhrzeit-Angaben werden in der Regel folgendermaßen ausgeschrieben:

1.00 one (o'clock)
1.05 five (minutes) past one
1.15 (a) quarter past one
1.23 twenty-three minutes past one

1.30 half past one
1.35 twenty-five to two
1.45 (a) quarter to two
1.53 seven minutes to two

> **Regel** ▶ Man kann das Wort *minutes* bei 5 Minuten und seinen Vielfachen weglassen.
> Im Gegensatz zum Deutschen zählt man im Englischen die Stunden nur bis 12 und fängt dann wieder bei 1 an. Um zwischen vormittags und nachmittags zu unterscheiden, verwendet man a.m. *(ante meridiem)* für 0–12 Uhr und *p.m. (post meridiem)* für 12–24 Uhr. Andernfalls muss man Redewendungen wie *in the morning* oder *in the evening* verwenden:

2.00 a.m   2 Uhr
two o'clock in the morning

4.30 p.m.   16.30 Uhr
half past four in the afternoon

> **Sonderfall** ▶

12.00 a.m   0.00 Uhr
twelve o'clock midnight

12.00 p.m.   12.00 Uhr
twelve o'clock noon

II. Satzbau

10. Der einfache Satz

Anders als im Deutschen werden englische Aussagesätze fast immer in der Reihenfolge Subjekt-Prädikat-Objekt strukturiert.

10.1 Das Subjekt

> Das Subjekt sagt, wer oder was etwas tut oder ist. Es besteht meist aus einem Substantiv (→ 1) oder Pronomen (→ 3) und kann durch Attribute näher bestimmt werden:

Dogs eat dog food.   Hunde fressen Hundefutter.
Somebody was here   Jemand war hier, während du
while you were gone.   weg warst.

10.2 Subjektergänzung

> Eine Subjektergänzung ist entweder ein Substantiv (→ 1), das das Subjekt umbenennt, oder ein Adjektiv (→ 4), das es beschreibt. Subjektergänzungen treten in Zusammenhang mit bestimmten Verben (→ 6) auf.

His life was a constant   Sein Leben war ein ständiger
struggle.   Kampf.
(Das Substantiv *struggle* benennt das Subjekt *life* um.)
That food smells good.   Dieses Essen riecht gut.
(Das Adjektiv *good* beschreibt das Subjekt *food*.)

10.3 Das direkte Objekt

> Das direkte Objekt beantwortet die Frage *wen?* oder *was?* und erscheint nur in Zusammenhang mit transitiven Verben (→ 6.17). Es bezeichnet die Person oder den Gegenstand, auf die eine Handlung abzielt.

Hans lifted the heavy box.   Hans hob die schwere Kiste.

10.4 Das indirekte Objekt

Regel ▶ Das indirekte Objekt beantwortet die Frage *wem?* und gibt an, für wen die Handlung des Satzes geschieht. Es ähnelt dem Dativobjekt im Deutschen.

I sent my girlfriend a dozen red roses.	Ich schickte meiner Freundin ein Dutzend rote Rosen.

Im ersten Beispiel ist *me* das indirekte Objekt und *a large pizza* das direkte Objekt. Das Subjekt (eigentlich *you*) fällt weg, weil es im Imperativ bereits enthalten ist.

Regel ▶ Indirekte Objekte kommen nur nach bestimmten transitiven Verben (mit direktem Objekt) vor. Die üblichsten sind *to ask* (fragen), *to bring* (bringen), *to buy* (kaufen), *to get* (holen), *to give* (geben), *to pay* (zahlen), *to send* (schicken), *to show* (zeigen), *to teach* (lehren), *to tell* (sagen) und *to write* (schreiben).

10.5 Stellung der direkten und indirekten Objekte

Regel ▶ Das indirekte Objekt steht meistens vor dem direkten Objekt (1). Wenn das direkte Objekt kürzer ist als das indirekte, kommt es zuerst (2). In diesem Fall wird das indirekte Objekt mit *to* angefügt.

(1) I taught him the art of fly-fishing.	Ich brachte ihm die Kunst des Fliegenfischens bei.
(2) My father taught fly-fishing to a few of the neighbourhood youngsters.	Mein Vater brachte einigen Kindern aus der Nachbarschaft das Fliegenfischen bei.

Regel ▶ Sollte sowohl das direkte als auch das indirekte Objekt in einem Satz aus einem Pronomen bestehen, steht das direkte Objekt zuerst.

I recommended her to them.	Ich empfahl sie ihnen.

Regel ▶ Bei einigen Verben steht immer *to* vor dem indirekten Objekt; in diesem Fall wird das direkte Objekt in der Regel vor das indirekte Objekt gestellt:

Can you introduce me to Shannon Davis?
I explained the whole thing to her.

Kannst du mich Shannon Davis vorstellen?
Ich erklärte ihr die ganze Sache.

Zu diesen Verben gehören z. B. *to announce* (ankündigen), *to describe* (beschreiben), *to explain* (erklären), *to introduce* (vorstellen), *to mention* (erwähnen), *to report* (berichten) und *to say* (sagen).

Betonung des indirekten Objekts

> Möchte man das indirekte Objekt betonen, stellt man es (mit *to* oder *for*) hinter das direkte Objekt:

◄ Regel

I don't lend my car to just anyone.
I bought a few for myself.

Ich verleihe mein Auto nicht an jeden.
Ich kaufte einige für mich selbst.

Betonung direkter Objekte am Satzanfang

> Direkte Objekte in Zusammenhang mit *that, this, these, those* können am Satzanfang erscheinen. Die Wortstellung des restlichen Satzes bleibt erhalten.

◄ Regel

That aspect of the job she never liked.
Those suggestions he dismissed right away.

Diese Seite der Aufgabe mochte sie nie.
Diese Vorschläge hat er sofort abgewiesen.

Stellung der Objekte in den zusammengesetzten Zeitformen

> Im Gegensatz zum Deutschen bleibt im Englischen die Stellung eines Objekts bei zusammengesetzten Zeitformen unverändert. Das Objekt erscheint im Unterschied zum Deutschen nicht zwischen den Teilen des Verbs:

◄ Regel

She congratulated me.
She will congratulate me.
She has congratulated me.
She would have congratulated me.

Sie gratulierte mir.
Sie wird mir gratulieren.
Sie hat mir gratuliert.
Sie hätte mir gratuliert.

10.6 Objektergänzung

Regel ▶ Eine Objektergänzung ist entweder ein Substantiv, das das Objekt umbenennt oder ein Adjektiv, das es beschreibt. Objektergänzungen treten immer nach dem direkten Objekt auf.

Her beauty can make a strong man weak. Ihre Schönheit kann einen starken Mann schwach machen.

Objektergänzungen treten in Zusammenhang mit bestimmten Verben (→ 6) auf, z. B. *to call* (bezeichnen), *to consider* (halten für), *to find* (finden), *to make* (machen) und *to think* (halten für).

11. Nebensätze

Grundwissen ▶ Nebensätze fungieren als Attribute (→ 4.2), Adverbiale (→ 5), Subjekt (→ 10.1), oder Objekt (→ 10.3, 10.4, 10.5). Sie können jeden Teil des Satzes außer das Hauptverb ersetzen. Sie beinhalten Substantive und Verben, können aber nicht allein als eigene Sätze stehen. Die häufigsten Formen der Nebensätze im Englischen sind Attribut- und Adverbialsätze:

*This is the street **where I first learned how to ride a bicycle.*** Dies ist die Straße, auf der ich Fahrradfahren lernte.

Regel ▶ Viele deutsche Nebensätze werden im Englischen durch nominale Verbformen verkürzt wiedergegeben, d. h. durch eine Partizipialkonstruktion (1) oder den Infinitiv (2):

*(1) **After waiting for him for ten minutes,** I saw him coming.* Nachdem ich zehn Minuten auf ihn gewartet hatte, sah ich ihn kommen.
*(2) He wanted to be the first **to congratulate her.*** Er wollte der Erste sein, der ihr gratuliert.

Regel ▶ Im Englischen gibt es keine Inversion (Umstellung) von Subjekt und Verb im Hauptsatz, wenn ein Nebensatz dem Hauptsatz vorangeht:

Nebensatz am Satzende:
Das Treffen hatte schon angefangen, als ich ankam.
(Inversion von Subjekt und Verb)

Nebensatz am Satzanfang:
Als ich ankam, hatte das Treffen schon angefangen.

The meeting had already started when I arrived.
(keine Inversion)

When I arrived the meeting had already started.

12. Der Hauptsatz und das Satzgefüge

◀ Grundwissen

Ein übergeordneter Satz ist eine Gruppe von Wörtern, welche entweder allein als Satz steht oder zumindest allein als Satz stehen könnte. D. h. der Teilsatz besteht zumindest aus einem Prädikat und einem Subjekt, gegebenenfalls auch aus Objekten und Ergänzungen.

(1) She arose.   Sie stand auf.

Dieser Hauptsatz (1) ist vollständig, weil *arose* ein intransitives Verb ist, und daher keine höhere Bestimmung durch ein Objekt benötigt.

(2) He built a house for his parents.

Er baute ein Haus für seine Eltern.

Dieser Hauptsatz (2) ist ebenfalls vollständig. *He built* wäre aber z. B. kein vollständiger Satz. Es hätte zwar Subjekt und Prädikat, aber *to build* ist ein transitives Verb, das ein direktes Objekt erfordert.
Das Subjekt kann bei Imperativsätzen wegfallen. Das eigentliche Subjekt des Satzes, *you,* erscheint nicht im Satz.

Please give me a few minutes to think about it.

Geben Sie mir bitte ein paar Minuten, um es mir zu überlegen.

13. Der Fragesatz

Fragen stellen im Englischen eine Ausnahme zur Regel Subjekt vor Prädikat dar. Eine Frage wird gebildet, indem ein Prädikat vor das Subjekt gestellt wird.

◀ Regel

Aussage:
He is the best pupil in the class.

Er ist der beste Schüler der Klasse.

Frage:
Is he the best pupil in the class?

Ist er der beste Schüler der Klasse?

13.1 Fragen mit unvollständigen Hilfsverben

Regel ▶ Wenn das Prädikat ein unvollständiges Hilfsverb (→ 6.3) beinhaltet, steht es im Fragesatz vor dem Subjekt, das Vollverb steht hinter dem Subjekt.

unvollständiges Hilfsverb	Subjekt	Vollverb	Rest des Satzes
Could	*I*	*make*	*a suggestion?*
Shall	*we*	*do*	*it right way?*

13.2 Fragen mit *to be*

Regel ▶ Wenn die entsprechende Aussage kein unvollständiges Hilfsverb, sondern das Verb to be in der Gegenwart oder im Präteritum beinhaltet, treten diese Formen von *to be* im Fragesatz vor dem Subjekt auf. Der Rest des Satzes steht hinter dem Subjekt.

to be	Subjekt	Rest des Satzes
Is	*London*	*the capital of England?*
Was	*that man*	*your uncle?*

13.3 Fragen mit dem Hilfsverb *to do*

Regel ▶ Fragen, die keine Hilfsverben, sondern nur Vollverben (→ 6.2) in der Gegenwart und im Präteritum haben, werden mit dem Hilfsverb (→ 6.3) *do* (bzw. *does, did*) und dem Infinitiv des Vollverbes gebildet.

Aussage:	*She works at a bakery.*	Sie arbeitet in einer Bäckerei.
Frage:	*Does she work at a bakery?*	Arbeitet sie in einer Bäckerei?

> Vollverben in einer anderen Zeit außer der Gegenwart oder dem Präteritum gehören zur ersten Kategorie (Fragen mit modalen Hilfsverben), weil sie in diesen Zeiten mit Hilfsverben gebildet werden.

◄ Regel

Zeit	Aussagesatz	Fragesatz
Present Perfect	He has finished.	Has he finished?
Futur I	He will finish.	Will he finish?
Futur II	He will have finished.	Will he have finished?
Plusquamperfekt	He had finished.	Had he finished?
Konditional I	He would finish.	Would he finish?
Konditional II	He would have finished.	Would he have finished?

13.4 Stellung der Fragepronomen

> Fragepronomen (→ 3.7) stehen am Satzanfang:

◄ Regel

What have you done with my jacket? — Was hast du mit meiner Jacke gemacht?
When will they have finished? — Wann werden sie fertig sein?
Whom did he insult? — Wen hat er beleidigt?

13.5 Bestätigungsfragen bzw. Frageanhängsel

Eine Frage lässt sich auch stellen, indem man sie wie eine Bemerkung ausdrückt und eine so genannte Kurzfrage an das Ende des Satzes anhängt. Dadurch bittet man um die Zustimmung des Gesprächspartners. Ein solches Frageanhängsel entspricht den deutschen Ausdrücken *nicht wahr?* und *oder?*.

◄ Grundwissen

> Man bildet eine Bestätigungsfrage mit dem Hilfsverb (→ 6.3) des Satzes und dem Pronomen, das dem Subjekt des Satzes entspricht. Wenn das Prädikat des Satzes nicht mit einem Hilfsverb gebildet ist, benutzt man für das Frageanhängsel die richtige Form von *to do*.

◄ Regel

You have eaten breakfast today, haven't you?
Barbara collects stamps, doesn't she?

> Wenn der Satz bejaht ist, ist die Kurzfrage verneint. Wenn der Satz verneint ist, ist das Frageanhängsel bejaht.

You have never met the Queen, have you?
Allen gave you my report, didn't he?

Regel ▶ Wenn *to have* im Satz als Vollverb (→ 6.2) statt als Hilfsverb benutzt wird, bildet man die Kurzfrage mit *to do*.

He had breakfast today, didn't he?

Regel ▶ Frageanhängsel werden normalerweise mit kontrahierten Formen gebildet.

14. Indirekte Rede

Grundwissen ▶ Die indirekte Rede gibt die Aussage eines Dritten wieder. Sie steht normalerweise im Deutschen im Konjunktiv, während im Englischen der Indikativ gebraucht wird:

He said he had no   Er sagte, er habe keine ande-
other choice.   re Wahl gehabt.

Regel ▶ In der indirekten Rede werden die Zeiten der Verben nach festen Regeln gesetzt. Auch andere Teile des Satzes (z. B. Pronomen) müssen bei der Wiedergabe sinngemäß geändert werden.

Regel ▶ In der indirekten Rede im Englischen steht kein Komma vor dem Nebensatz.

He said that he had an   Er sagte, er hätte eine drin-
urgent message for me.   gende Nachricht für mich.

Das Wort *that* entfällt sehr oft: *He said he had an urgent message for me.*

Regel ▶ Das einleitende Verb ist sehr oft eine Form von *to say*, doch man benutzt die indirekte Rede auch bei anderen sinnverwandten Wörtern wie *to answer* (antworten), *to ask* (fragen), *to complain* (sich beschweren), *to explain* (erklären), *to know* (wissen), *to mention* (erwähnen), *to remark* (bemerken), und *to suggest* (vorschlagen).

14.1 Indirekte Rede ohne Zeitverschiebung

> Wenn das einleitende Verb in der Gegenwart, im *Present Perfect* oder im Futur I bzw. II steht, behält es in der indirekten Rede die Zeit der direkten Rede.

◀ Regel

Direkte Rede: »*I need a new car.*«

He often tells me that he needs a new car.	Er erzählt mir oft, er brauche ein neues Auto.
He has told me that he needs a new car.	Er hat mir erzählt, er brauche ein neues Auto.
He will tell me that he needs a new car.	Er wird mir erzählen, er brauche ein neues Auto.
He will have told me that he needs a new car.	Er wird mir erzählt haben, er brauche ein neues Auto.

14.2 Zeitverschiebung in der indirekten Rede

> Wenn das einleitende Verb im Präteritum, im Plusquamperfekt oder im Konditional I bzw. II steht, verschieben sich die Zeiten der indirekten Rede:

◀ Regel

Zeit, die wiederzugeben ist:	Zeitverschiebung:
Präsens	Präteritum
I play tennis.	*Ralph said he played tennis.*
Ich spiele Tennis.	Ralph sagte, er spiele Tennis.
Verlaufsform:	Verlaufsform:
I am playing Tennis.	*Ralph said he was playing tennis.*
Present Perfect:	Plusquamperfekt:
I have played tennis.	*Ralph said he had played tennis.*
Ich habe schon Tennis gespielt.	Ralph sagte, er habe schon Tennis gespielt.
Futur I:	Konditional I:
I will play tennis.	*Ralph said he would play tennis.*
Ich werde Tennis spielen.	Ralph sagte, er werde Tennis spielen.

Futur II:
I will have played tennis.

Konditional II:
Ralph said he would have played tennis.
Ralph sagte, er werde Tennis gespielt haben.

Präteritum:
I played tennis.
Ich spielte Tennis.

Plusquamperfekt:
Ralph said he had played tennis.
Ralph sagte, er hätte Tennis gespielt.

Plusquamperfekt:
I had played tennis.
Ich hatte Tennis gespielt.

keine Zeitverschiebung:
Ralph said he had played tennis.
Ralph sagte, er hätte Tennis gespielt.

Konditional I:
I would play tennis.
Ich würde Tennis spielen.

keine Zeitverschiebung:
Ralph said he would play tennis.
Ralph sagte, er würde Tennis spielen.

Konditional II:
I would have played tennis.
Ich hätte Tennis gespielt.

keine Zeitverschiebung:
Ralph said he would have played tennis.
Ralph sagte, er hätte Tennis gespielt.

Regel ▶ Die Hilfsverben *may, can* und *will* ändern sich in der indirekten Rede wie folgt: *may* wird zu *might*, *can* wird zu *could* und *will* wird zu *would*.

direkte Rede
»*I may be a bit late.*«
»*I can't solve the problem.*«

»*I will be a bit late.*«

indirekte Rede
Bill said he might be a bit late.
Bill said he couldn't solve the problem.
Bill said he would be a bit late.

Regel ▶ Wenn man von etwas spricht, dass **immer** gilt, dann wird die Zeit der direkten Rede beibehalten.

direkte Rede:
»*The Eiffel Tower is in Paris.*«
»Der Eiffelturm ist in Paris.«

indirekte Rede:
He told me that the Eiffel Tower is in Paris.
Er sagte mir, dass der Eiffelturm in Paris ist.

14.3 Zeit- und Ortsangaben in der indirekten Rede

◀ Regel

Wenn der ursprüngliche Zeitbezug für den Berichterstatter noch zutrifft, werden Zeitangaben in der indirekten Rede nicht verändert. Trifft der ursprüngliche Zeitbezug nicht mehr zu, so werden sie entweder durch andere relative Zeitangaben *(tomorrow* wird zu *the following day)* oder durch absolute Zeitangaben *(yesterday* könnte ggf. zu *on Tuesday* werden) ersetzt.

direkte Rede: »*The weather is better today than it was last Tuesday.*«
»Das Wetter ist heute besser, als es letzten Dienstag war.«
indirekte Rede: *He said the weather was better that day than it had been the previous Tuesday.*
Er sagte, das Wetter sei an dem Tag besser gewesen, als es am vorhergehenden Dienstag gewesen sei.

in der direkten Rede	in der indirekten Rede
a few minutes ago	*a few minutes before*
here	*there*
last week	*the week before*
this	*that*
today	*that day*
tomorrow	*the next day, the following day*
yesterday	*the previous day, the day before*

14.4 Umstellung der Personalpronomen in der indirekten Rede

◀ Regel

Wie im Deutschen müssen auch die Personalpronomen umgestellt werden, wenn eine Aussage in die indirekte Rede gesetzt wird:

Bill: »They told me that I should tell you that she likes Bob.«
Bill: »Sie sagten mir, ich solle dir sagen, dass sie Bob mag.«

Wenn man Bob von dieser Aussage erzählt, heißt es:
Bill said they had told him he should tell me that she likes you.
Bill sagte, sie hätten ihm gesagt, er solle mir sagen, dass sie dich mag.

14.5 Befehle in der Indirekten Rede

Regel ▶

> In der indirekten Rede werden Befehle am häufigsten durch den Infinitiv mit *to* wiedergegeben.

direkte Rede: »*Close the door!*« »Mach die Tür zu!«
indirekte Rede: *My father told me to close the door.*
Mein Vater sagte, ich solle die Tür schließen.

Hinweis ▶

Neben dem Infinitiv mit *to* gibt es die Möglichkeit, einen Befehl mit Ausdrücken mit Ausdrücken wie *should, have to* oder *had better* wiederzugeben.

Read the whole textbook.
My teacher told me that I should read the whole textbook.
My teacher told me that I had to read the whole textbook.
My teacher told me that I had better read the whole textbook.

Sonderfall ▶

Wenn das Hilfsverb *must* als Befehlswort benutzt wird, wird es in der indirekten Rede zu *had to*.

direkte Rede: »*You must take off your shoes when you enter the house.*«
»Du musst die Schuhe ausziehen, wenn du das Haus betrittst.«

indirekte Rede: *She told me I had to take off my shoes when I entered the house.*
Sie sagte, ich müsse die Schuhe ausziehen, wenn ich das Haus beträte.

Diese Regel gilt jedoch nur, wenn *must* als Befehl gebraucht wird, sonst bleibt es erhalten.

direkte Rede: »*You simply must ring me the next time you're in town.*«
»Du musst mich unbedingt anrufen, wenn du das nächste Mal inder Stadt bist.«

indirekte Rede: *Ben said I simply must ring him the next time I'm in town.*
Ben sagte, ich müsse ihn unbedingt anrufen, wenn ich das nächste Mal in der Stadt bin.

14.6 Fragen in der indirekten Rede

Die Wiedergabe einer Frage in der indirekten Rede hängt von der Art der Frage ab.

> Wenn man eine Satzfrage wiedergibt, die ja oder nein als Antwort erwartet, beginnt die indirekte Rede mit if oder whether:

◄ Regel

»Are you from London?«
He asked me if I was from London.
He asked me whether I was from London.

> Wenn eine Frage mit einem Fragepronomen (→ 3.7) in die indirekte Rede gesetzt wird, fängt die indirekte Rede mit demselben Fragewort an:

◄ Regel

»How did you know my name?«
He asked me how I knew his name.

> Wenn man Fragen wiedergibt, die von den Fragepronomen *who, what, where, when, how* oder *whose* eingeleitet und mit *to be* als Kopula *(linking verb)* gebildet werden, stellt man die richtige Form von *to be* ans Ende der indirekten Rede:

◄ Regel

| What is her name? | He asked me what her name was. |
| Who is the Prime Minister? | She asked me who the Prime Minister is. |

> Die Satzstellung für Fragen in der indirekten Rede bleibt Subjekt-Prädikat-Objekt.

◄ Regel

15. Nebensätze mit should oder might

> Nebensätze mit den Hilfsverben *should* oder *might* drücken Wünsche und gefühlsmäßige Stellungnahmen des Sprechers aus:

◄ Regel

| *The sergeant ordered that each of us should do one hundred push-ups.* | Der Feldwebel befahl, dass jeder von uns einhundert Liegestützen machen sollte. |

109

I suggested to the driver that he might take a shortcut.	Ich schlug dem Fahrer vor, eine Abkürzung zu nehmen.

Regel ▶

Man verwendet *should,* wenn es sich um einen Befehl handelt, *might* hingegen, wenn es sich um einen Wunsch oder eine Hoffnung handelt. Solche Nebensätze werden in Zusammenhang mit bestimmten Verben benutzt, wie z. B. *to agree* (sich einigen), *to arrange* (ausmachen), *to ask* (verlangen), *to command* (befehlen), *to demand* (verlangen), *to desire* (wünschen), *to expect* (erwarten) und *to require* (verlangen).

16. Der Bedingungssatz

Bedingungssätze mit if

Grundwissen ▶

Der Bedingungssatz drückt aus, unter welcher Bedingung etwas geschieht. Die Konjunktion (→ 8) *if* (wenn, falls) leitet meistens den Bedingungssatz ein:

If I were a millionaire *I would buy my parents a Rolls-Royce.*	Wenn ich Millionär wäre, würde ich meinen Eltern einen Rolls-Royce kaufen.
*I'll buy a car this year **if I can find a cheap one.***	Ich werde mir dieses Jahr ein Auto kaufen, wenn ich ein billiges finden kann.

Die Zeiten des Bedingungssatzes

Regel ▶

Will man eine Voraussetzung auszudrücken, die man für erfüllbar hält, bzw. die bereits angefangen hat und deren Ende nicht abzusehen ist, steht der Nebensatz im Präsens, der Hauptsatz im Futur I:

Bedingung	Folge
If you give that dog a bone,	*it will wag its tail.*
If you tell some jokes,	*she will laugh.*

Regel ▶

Um eine Voraussetzung auszudrücken, die nur theoretisch erfüllbar ist, formuliert man den Bedingungssatz im Präteritum und die Folge im Konditional I. Bei dieser Form der Bedingung wird *to be* immer zu *were* statt *was*.

> Diese Form des Bedingungssatzes benutzt man auch, wenn die Bedingung nicht erfüllbar ist.

Bedingung	Folge
If you gave that dog a bone,	*it would wag its tail.*
If you told some jokes,	*she would laugh.*
If I were Frank,	*I wouldn't go to Spain.*

> Diese Art von Bedingungssatz kann man auch mit Konditional I + Konditional I bilden, um eine Bitte besonders höflich zu formulieren:

◀ Regel

I would be grateful if you would reply promptly. Ich wäre dankbar, wenn Sie sofort antworten würden.

> Um eine Voraussetzung auszudrücken, die sich bereits in der Vergangenheit hätte ereignen müssen, formuliert man den Bedingungssatz im Plusquamperfekt und den Hauptsatz im Konditional II:

◀ Regel

Bedingung	Folge
If you had given that dog a bone,	*it would have wagged its tail.*
If you had told some jokes,	*she would have laughed.*

> Um eine Voraussetzung auszudrücken, die eine allgemeine Erfahrung beinhaltet, formuliert man sowohl den Bedingungssatz als auch den Hauptsatz im Präsens:

◀ Regel

Bedingung	Folge
If a dog is given a bone,	*it wags its tail.*
If a comedian is funny,	*people laugh at his jokes.*

Häufig steht der Hauptsatz hier vor dem Bedingungssatz:

A customer only buys a product if he likes it.

> Wenn eine Bedingung als wirklich oder gerade im Verlauf befindlich gedacht ist, drückt man sie in der Verlaufsform des Präsens aus:

◀ Regel

Bedingung	Folge
If you are planning,	*you should hurry up.*
to be there on time,

Bedingungssätze mit *could*

Bei den Formen des Bedingungssatzes, deren Hauptsätze im Konditional I und II stehen, kann man auch *could* statt *would* benutzen.

If you told him you needed help he could probably help you.	Wenn du ihm erzählen würdest, dass du Hilfe brauchst, könnte er dir wahrscheinlich helfen.
If you would have told me about the party, I could have arranged to be there.	Wenn du mir von dem Fest erzählt hättest, hätte ich es einrichten können, dabei zu sein.

17. Besonderheiten der Wortstellung

17.1 Betonung einzelner Satzteile mit *to be*

In einem einfachen Aussagesatz (1) kann man z. B. das Subjekt (2), das Prädikat (3), das direkte (4) oder indirekte Objekt (5) oder eine Adverbialbestimmung (6) durch *to be* hervorheben.
(1) I gave him a little advice this morning.
(2) It was I who gave him a little advice this morning.
(3) All I did this morning was give him a little advice.
(4) All I gave him this morning was a little advice.
(5) He was the one whom I gave a little advice this morning.
(6) It was this morning that I gave him a little advice.

17.2 Sätze mit *so* oder *neither/nor*

> Um auszudrücken, dass man einer bejahten Aussage zustimmt, verwendet man *so*. Es entspricht dem deutschen »auch«:

Beth: »*I left at ten*«.	Beth: »Ich ging um zehn.«
Allison: »*So did I.*«	Allison: »Ich auch.«

> Um auszudrücken, dass man einer verneinten Aussage zustimmt, verwendet man *neither* oder *nor*. Sie entsprechen dem deutschen »auch nicht«:

Rob: »I didn't go to the party.«   Rob: »Ich ging nicht zum Fest.«

Becky: »Neither did I.«   Becky: »Ich auch nicht.«
Gina: »Nor did I.«   Gina: »Ich auch nicht.«

> ◀ **Regel**
>
> Man verwendet diese Ausdrücke, um nicht den ganzen Satz wiederholen zu müssen. In solchen Sätzen stehen *so, neither* oder *nor* am Anfang, dann folgen das Hilfsverb des Aussagesatzes und das neue Subjekt. Wenn der Aussagesatz kein Hilfsverb aufweist, verwendet man das Hilfsverb *to do*.

Aussagesatz
I've never been to Spain.   *Neither have we.*
You look as if you had   *So do you.*
a good night's sleep.

17.3 Inversion zur Betonung

Betonung von Adverb und Konjunktion

> ◀ **Regel**
>
> Bestimmte Adverbien und Konjunktionen mit einschränkendem Sinn kann man an den Satzanfang stellen. Der Satz ist dann in der Satzstellung einem Fragesatz (→ 13) ähnlich: Adverb-Hilfsverb oder *to be*-Subjekt-Vollverb-Rest des Satzes.

Seldom have I seen such   Nur selten habe ich solch
a disgraceful performance.   eine blamable Leistung gesehen.

> ◀ **Regel**
>
> Vollverben werden in diesem Fall mit *to do* umschrieben:

Only by running to catch   Nur indem sie rannten, um
the train did my friends   den Zug zu erwischen, konn-
make it here on time.   ten meine Freunde rechtzeitig hier ankommen.

Die häufigsten Adverbien und Konjunktionen dieser Art sind *hardly* (kaum), *little* (kaum), *neither ... nor* (weder ... noch), *never* ((noch) nie), *not only* (nicht nur), *rarely* (selten), *scarcely* (kaum), *seldom* (selten) und *under no circumstances* (unter keinen Umständen).

III. Anhang

18. Aussprache

> Grundwissen ▶

Im Englischen entspricht die Aussprache in der Regel nicht der Schreibung. Um die Aussprache zu erleichtern gibt es eine international gebräuchliche Lautschrift, die jedem Laut ein bestimmtes Zeichen zuordnet.

Konsonanten

Zeichen			Aussprache
[b]	*big*	[bɪg]	wie im Deutschen
	table	[ˈteɪbl]	
[d]	*day*	[deɪ]	wie im Deutschen
	bed	[bed]	
[f]	*friend*	[frend]	wie im Deutschen
	tough	[tʌf]	
[g]	*get*	[get]	wie im Deutschen
	egg	[eg]	
[h]	*hat*	[hæt]	wie im Deutschen
	who	[huː]	
[j]	*yes*	[jes]	wie im Deutschen
	music	[ˈmjuːzɪk]	
[k]	*cat*	[kæt]	wie im Deutschen
	sick	[sɪk]	
[l]	*life*	[laɪf]	wie im Deutschen (man unterscheidet zwischen dem dunklen und dem hellen *l*)
	will	[wɪl]	
[m]	*me*	[miː]	wie im Deutschen
	climb	[klaɪm]	
[n]	*no*	[nəʊ]	wie im Deutschen
	one	[wʌn]	
[ŋ]	*hang*	[hæŋ]	wie im Deutschen bei *Gesang*
	meeting	[ˈmiːtɪŋ]	
[p]	*pass*	[pɑːs]	wie im Deutschen
	top	[tɔp]	
[r]	*road*	[rəʊd]	kein rollendes *r*, die Zunge wird leicht zurückgebogen
	rarity	[ˈreqrɪtɪ]	

[s]	sun	[sʌn]	wie im Deutschen bei *Hass*
	face	[feɪs]	
[ʃ]	English	[ˈɪŋglɪʃ]	wie im Deutschen bei *Schule*
	nation	[ˈneɪʃən]	
[t]	tap	[tæp]	wie im Deutschen
	wit	[wɪt]	
[tʃ]	cheap	[tʃiːp]	wie im Deutschen bei *matschig*
	pitch	[pɪtʃ]	
[θ]	think	[θɪŋk]	Man legt die Zungenspitze an die Rückseite der oberen Schneidezähne und produziert einen Laut wie im Deutschen bei *Hass*, nur kürzer.
	bath	[bɑːθ]	
[ð]	that	[ðæt]	Man legt die Zungenspitze an die Rückseite der oberen Schneidezähne und produziert einen Laut wie im Deutschen bei *sein*, nur weicher.
	weather	[ˈweðə]	
[v]	vote	[vəʊt]	wie das deutsche *w* bei *wollen*
	five	[faɪv]	
[w]	wish	[wɪʃ]	einem sehr kurzen deutschen *u* ähnlich
	what	[wɔt]	
[z]	zoo	[zuː]	wie das deutsche *s* bei *Hase*
	is	[ɪz]	
[ʒ]	pleasure	[ˈpleʒə]	wie im Deutschen bei *Garage*
	illusion	[ɪˈluːʒən]	
[dʒ]	judge	[dʒʌdʒ]	wie im Deutschen bei *Job*

Vokale

Zeichen   Ausspruche

[ɑː]	laugh	[lɑːf]	langes *a*, wie im Deutschen bei *Saal*
[æ]	back	[bæk]	zwischen deutschem *ä* und *a*
[e]	head	[hed]	wie im Deutschen bei *hätte*
	end	[end]	

[ə]	*above*	[əˈbʌv]	wie im Deutschen das *e* bei *danke*
[ɾː]	*turn*	[tɾːn]	wie das deutsche *ö* bei *Mörder*, aber offener
	bird	[bɾːd]	
[ɪ]	*if*	[ɪf]	kurzes *i*, wie im Deutschen bei *nicht*
	build	[bɪld]	
[iː]	*meet*	[miːt]	langes *i*, wie im Deutschen bei *Kies*
	feat	[fiːt]	
[ɔ]	*dog*	[dɔg]	Man spricht den englischen [ɑː]-Laut aus und rundet dabei leicht die Lippen.
	sausage	[ˈsɔsɪdʒ]	
[ɔː]	*board*	[bɔːd]	wie das deutsche *or* bei *Mord*, aber ohne Aussprache des *r*
	four	[fɔː]	
[ʊ]	*put*	[pʊt]	kurzes *u*, wie im Deutschen bei *Butter*
	good	[gʊd]	
[uː]	*blue*	[bluː]	langes *u*, wie im Deutschen bei *Zug*
	mood	[muːd]	
[ʌ]	*run*	[rʌn]	kurzes *a*, ähnlich wie im Deutschen bei *kann*
	touch	[tʌtʃ]	

Diphthonge

Zeichen			Aussprache
[aɪ]	*by*	[baɪ]	ähnlich wie im Deutschen bei *Main*
	buy	[baɪ]	
[aʊ]	*round*	[raʊnd]	ähnlich wie im Deutschen bei *raus*
	now	[naʊ]	
[eɪ]	*late*	[leɪt]	als ob man im Deutschen vom *ä* zum *i* gleiten würde
	great	[greɪt]	

[ɛə]	*chair*	[tʃɛə]	wie im Deutschen das *är* bei *Bär*
	bear	[bɛə]	
[əʊ]	*go*	[gəʊ]	man gleitet schnell vom [ə] zum [ʊ]
	coal	[kəʊl]	
[ɪə]	*near*	[nɪə]	wie im Deutschen bei *Bier*
	here	[hɪə]	
[ɔɪ]	*joy*	[dʒɔɪ]	ähnlich wie im Deutschen bei *Scheu*
	oil	[ɔɪl]	
[ʊə]	*pure*	[pjʊə]	wie im Deutschen das *ur* bei *uralt*
	poor	[pʊə]	

19. Silbentrennung

Am Ende einer Zeile werden englische Wörter zwischen den Silben getrennt, z. B. *re-pro-duc-tion, hor-ren-dous-ly, com-mit-tee* oder *per-son-nel*.

20. Zeichensetzung

20.1 Das Komma

Das Komma mit koordinierenden Konjunktionen

Wenn zwei oder mehr Hauptsätze durch eine koordinierende Konjunktion (→ 8.1) aneinander gereiht werden, steht vor der Konjunktion ein Komma.

She offered me something to drink, but I wasn't thirsty.	Sie bot mir zu Trinken an, aber ich hatte keinen Durst.

Das Komma bei Aufzählungen

Das Komma wird auch gebraucht, um die Teile einer Aufzählung voneinander zu trennen. Wenn der letzte Teil der Aufzählung mit *and* angereiht wird, darf das Komma auch entfallen.

They saw Paris, Rome, Madrid and Berlin.	Sie sahen sich Paris, Rom, Madrid und Berlin an.

*I ordered a hamburger,
a hot dog and a soft drink.*
Ich bestellte einen Hamburger, einen Hotdog und eine Limonade.

Das Komma bei attributiven Adjektiven

Mehrere Adjektive, die vor einem Substantiv stehen, werden mit Kommas getrennt, wenn sie gleichberechtigt nebeneinander stehen (1), nicht jedoch, wenn sie einen Gesamtbegriff bilden (2).

*(1) Digging trenches always is **difficult, tiring, unpleasant** work.*
Graben auszuheben ist immer eine schwierige, anstrengende, unangenehme Arbeit.
*(2) **Two new red** sports cars stood in the driveway.*
Zwei neue rote Sportwägen standen in der Auffahrt.

Das Komma vor nicht-bestimmenden Relativsätzen

Nicht-bestimmende Relativsätze werden durch ein Komma vom übergeordneten Satz abgehoben:

Her daughter likes books that have lots of pictures.
Ihre Tochter mag Bücher, die viele Bilder haben.
I bought the book »Faust«, which was Goethe's greatest work.
Ich kaufte das Buch »Faust«, welches Goethes größtes Werk war.

Im ersten Satz steht kein Komma vor *that,* weil *that have lots of pictures* ein bestimmender Relativsatz ist: *Ihre Tochter mag nur solche Bücher.* Ohne den Relativsatz würde sich die Bedeutung ändern. Im zweiten Beispiel setzt man ein Komma, weil *which was Goethe's greatest work* einen nicht-bestimmenden Relativsatz darstellt. Der Relativsatz erzählt Näheres über das Buch, könnte jedoch auch weggelassen werden.

Das Komma bei Übergängen

Kommas benutzt man, um Wörter oder Phrasen abzuheben, die als Übergänge am Satzanfang dienen. Häufige Übergänge sind:

as a matter of fact/in fact   in der Tat
first of all   erstens
for example   zum Beispiel

Erich, for example, has never been to Hungary.
Erich ist zum Beispiel nie in Ungarn gewesen.

Das Komma bei Partizipialkonstruktionen

> Partizipien, die einen adverbialen Nebensatz vertreten, werden mit Kommas abgehoben. Dies gilt für verbundene Partizipien, die ein Bezugswort im Satz aufweisen, und für unverbundene Partizipien, die in sich selbstständig eingefügt sind:

◄ Regel

He poured the rest of the milk, tilting the carton to get the last drops.
Er goss den Rest der Milch ein und kippte dabei die Tüte, um die letzten Tropfen herauszubekommen.

Das Komma bei Zahlenangaben

Bei Zahlenangaben ist der Gebrauch des Kommas und des Punktes im Englischen genau umgekehrt wie im Deutschen. Im Englischen benutzt man das Komma für Zahlen ab 1000 und den Punkt für die Abtrennung der Zehntel.

3,450	dreitausendvierhundertfünfzig	*three thousand four hundred and fifty*
3.0	drei Komma null	*three point zero*
2,400,000.3	zwei Millionen vierhunderttausend Komma drei	*two million four hundred point three*

20.2 Der Strichpunkt

> Der Strichpunkt wird benutzt, um gleichwertige Satzbestandteile voneinander zu trennen.

◄ Regel

Hauptsätze werden meist durch eine koordinierende Konjunktion (→ 8.1) verbunden. Doch in Fällen, in denen der Zusammenhang zwischen diesen Sätzen klar ist, wird oft ein Strichpunkt gebraucht.

I chose not to join them for dinner; I had already eaten a lot that evening.
Ich entschied mich dafür, nicht mit ihnen zu essen; ich hatte an dem Abend schon viel gegessen.

> **Regel** ▶ Man verwendet auch einen Strichpunkt, um Aufzählungen zu trennen, wenn die bloße Abtrennung mit Kommas unklar wäre.

His best friends are Thomas, a muscular fellow with a mischievous smile; Frank; Ed, Chip's former roommate; and Stephen, the comedian of the bunch.
Seine besten Freunde sind Thomas, ein muskulöser Typ mit einem schelmischen Lächeln, sowie Frank, Ed, der ehemalige Zimmergenosse von Chip, und Stephen, der Spaßvogel der Truppe.

20.3 Der Doppelpunkt

> **Regel** ▶ Der Doppelpunkt hat im Englischen in den meisten Fällen dieselbe Funktion wie im Deutschen: Er richtet die Aufmerksamkeit auf die darauf folgenden Worte, besonders, wenn sie in der direkten Rede stehen.

She promptly gave me her answer: »No, thank you.«
Sie antwortete sofort: »Nein, danke.«

Even for a man as wealthy as he, the price was high: two million pounds.
Selbst für einen Mann, der so reich ist wie er, war die Summe hoch: zwei Millionen Pfund.

> **Regel** ▶ Ein Doppelpunkt leitet auch eine Liste ein:

Amy has three important qualities: patience, charm, and a willingness to compromise.
Amy besitzt drei wichtige Eigenschaften: Geduld, Charme und Kompromissbereitschaft.

20.4 Der Apostroph

> **Regel** ▶ Der Apostroph wird hauptsächlich bei Kontraktionen benutzt oder wenn ein Genitiv gebildet werden soll (→ 1.5) und (→ 6.3).

Den Plural von Abkürzungen schreibt man auch mit Apostroph: *Three different DJ's played records at the party.*

> Wenn ein Jahr angegeben wird, ohne das Jahrhundert zu nennen, wird das Jahrhundert durch einen Apostroph ersetzt: *I graduated in the class of '91.*

20.5 Der Bindestrich

> Im Englischen wird eine Zusammensetzung entweder mit Bindestrich, zusammen als ein Wort oder mit Leerzeichen als zwei Wörter geschrieben. Die einzelnen Fälle sind in einem Wörterbuch nachzuschlagen:

mit Bindestrich	ohne Bindestrich	zwei Wörter
water-cooled	*backache*	*colour television*
top-secret	*watertight*	*water pipe*
colour-blind	*sandstorm*	*love letter*

20.6 Das Anführungszeichen

> Der Gebrauch des Anführungszeichens ist im Allgemeinen derselbe wie im Deutschen. Wichtig ist, dass die öffnenden Anführungszeichen immer hochgestellt werden.

Churchill once said, "I have nothing to offer but blood, toil, tears and sweat."

21. Groß- und Kleinschreibung

> Außer am Satzanfang werden Wörter im Englischen in der Regel kleingeschrieben. Dies gilt auch für Substantive (→ 1).

> Eigennamen und das Pronomen I werden aber auch im Englischen großgeschrieben. Wenn ein Artikel, eine Präposition oder eine beiordnende Konjunktion zum Namen gehört, wird dieses Wort normalerweise kleingeschrieben, wenn er nicht das erste Wort des Namens

darstellt. Dies gilt auch für die Übernahme ausländischer Namen, z. B. *Frederick the Great, Stratford on Avon* oder *Rio de Janeiro*.

Regel ▶ Großgeschrieben werden außerdem:

Vor- und Nachnamen: *Peter Mollenhauer, Colin Wellington-Smythe*

Anreden an Verwandte: *Daddy, Uncle Albert*
Aber: *Albert is my uncle.*

Eine Anrede wird normalerweise nur dann großgeschrieben, wenn sie vor einem Namen steht, z. B. *Professor Hugo Steiner*
Aber: *Hugo Steiner, a professor of German*

Städtenamen: *Manchester, St. Petersburg*

Einwohner einer bestimmten Stadt: *Londoner, Milanese*

Länder: *Germany, Switzerland, the United States of America*

Nationalitätsbezeichnungen: *German, Swedish, Iranian*

Kontinente: *Asia, Europe*

Wassermassen: *the Pacific Ocean, the Thames*

Berge: *Mount McKinley, the Matterhorn*

Straßennamen: *Avenue of the Americas, Fleet Street*

Gebäude: *the White House, the World Trade Center*

Firmen: *Universal Exports Ltd., General Motors*

Vereine: *the Rotary Club, Manchester United, the New York Giants*

Politische Parteien: *the Labour Party, the Republican Party*
Geschichtliche Ereignisse und Ären: *the Renaissance, the Stone Age*

Geschichtliche Urkunden oder Verträge: *the Magna Carta, the Treaty of Versailles, the German Basic Law*

Religionen: *Catholicism, Judaism*

Religiöse Titel: *God, the Bible, the Koran, the Almighty, He*

Aber: *god* wird nicht großgeschrieben, wenn es als Gattungsname benutzt wird, z. B. *Bacchus was the god of wine in classical mythology.*

Wochentage, Monate, Feiertage: *Wednesday, February, New Year's Eve*

22. Britisches und Amerikanisches Englisch

Amerikanisches Englisch wird in den Vereinigten Staaten und in Kanada gesprochen. Britisches Englisch ist dagegen das Englisch des gesamten Vereinten Königreichs. Da die USA und Kanada zusammen mehr als viermal so viele Einwohner wie das Vereinte Königreich zählen, ist amerikanisches Englisch eine sehr weit verbreitete »Variante.«

◄ Grundwissen

22.1 Der amerikanische Wortschatz

Neben mehreren geringen Unterschieden in der Rechtschreibung und in der Aussprache gibt es viele Fälle, in denen eine Sache im amerikanischen Englisch anders benannt wird.

◄ Regel

	britisches Englisch	amerik. Englisch
Benzin	*petrol*	*gasoline*
Lastwagen	*lorry*	*truck*
Fahrstuhl	*lift*	*elevator*
Mülleimer	*dustbin*	*garbage can*
Taschenlampe	*torch*	*flashlight*
Unterhemd	*vest*	*undershirt*

22.2 Amerikanische Rechtschreibung

In nichtbetonten Silben mit einem ursprünglich doppelten *l* steht im amerikanischen Englisch nur ein *l*: *travel-*

◄ Regel

led (UK) → *traveled (US)*. Bei betonten Silben mit einem *l* hat amerikanisches Englisch ein doppeltes *l*: *fulfil (UK)* → *fulfill (US)*.

Regel ▶ Wörter, die im britischen Englisch auf *-our* lauten, werden im amerikanischen Englisch mit *-or* geschrieben, wenn dieser Laut wie [ə] ausgesprochen wird: *colour (UK)* → *color (US)*.

Regel ▶ Die Endung *-re* wird zu *-er*, wenn vor dem *-re* ein Konsonant steht: *centre (UK)* → *center (US)*.

Regel ▶ Einige Verben kann man im britischen Englisch mit den Endungen *-ise* oder *-ize* schreiben. Diese werden im amerikanischen Englisch nur mit *-ize* geschrieben: *realise, realize (UK)*.

22.3 Aussprache

Der Laut [ɑː] wie z. B. in *after, ask, can't, laugh* entspricht meist einem [æ] im amerikanischen Englisch.

Das [ɔ] in Wörtern wie *dog, rock, office* wird zu [ɑː], also offener gesprochen.

t oder *tt* zwischen Vokalen (wie bei *water, meter, jitterbug, chaotic, rebuttal*) wird zum Laut [d] abgeschwächt.

22.4 Verben

Regel ▶ In Fällen, in denen das einfache Perfekt in Zusammenhang mit *just* oder *recently* benutzt wird, wird im amerikanischen Englisch das einfache Präteritum gebraucht:

I have just eaten dinner. (UK)   *I just ate dinner. (US)*

Regel ▶ Im amerikanischen Englisch benutzt man eher *have* statt *have got*:

Have you got a cigarette? (UK)   *Do you have a cigarette? (US)*

Regel ▶ Wunschsätze (→ 16) werden im amerikanischen Englisch ohne *should* bzw. *might* gebildet:

I suggested to the driver that he might take a different route. (UK)
I suggested to the driver that he take a different route. (US)

22.5 Zahlwörter

> Hier gibt es mehrere Unterschiede: ◄   **Regel**

Zahl	UK	US	Deutsch
0	nought	zero	null
1 000 000 000	one thousand million	one billion	eine Milliarde
100 000 000 000	one hundred thousand million	one hundred billion	einhundert Milliarden
1 000 000 000 000	one billion	one trillion	eine Billion

Register

A
Adjektiv **30 ff,** 37, 118
Adverb **35 ff,** 37, 45, 38
Amerikanisches Englisch **123 f**
Anführungszeichen **121**
Apostroph **120 f**
Artikel 7, 8, **10 ff,** 80
Aussprache 10, **114 ff**
Aussprache, amerikanische **124**

B
Bedingungssatz 75, **110 ff**
Befehle (→ Imperativ)
Befehle in der indirekten Rede **108**
Bindestrich **121**
Bindewort (→ Konjunktion)

D
Demonstrativpronomen **22 f,** 80
Direkte Rede **104 f**
Doppelpunkt **120**

E
Eigennamen 11, **122**

F
Fragepronomen (→ Interrogativpronomen)
Fragesatz 34 ff, **101 ff,** 109
Fürwort (→ Pronomen)
Futur I, einfache Form **67 f**
Futur I, Verlaufsform **68 f**
Futur II, einfache Form **69 f**
Futur II, Verlaufsform **70 f**
Futur, going to **66 f**

G
Gattungsnamen **12**
Gegenwart (→ Präsens)
Genitiv **8,** 10
Gerundium **80 f**
Geschlecht **5,** 17
Groß- und Kleinschreibung **121 f**

H
Hilfsverb 45, **46 ff**

I
Imperativ 52, **73**
Indefinite Pronomen **24 ff**
Indirekte Rede **104 f**
Infinitiv 47, 49 f, 54 f, 57, **75 ff**
Interrogativpronomen **27 ff**, 103
Inversion 100, **113**

K
Komma **117 f**
Komparativ **30 f**, 38 f
Konditional **71 f**
Konjunktion **91 ff**, 117
Konjunktiv **75**

N
Nebensatz **100 f**, 109

O
Objekt, direktes 40, 47, **97 f**
Objekt, indirektes **98 f**
Objektergänzung **100**

P
Paarwörter **7**
Partizip 44, 47, 50, **78**
Passiv 45, 48, **73**, 77
Personalpronomen 5, **17 ff**, 107
Phrasal Verbs **82 f**
Pluralformen **5**, 8
Plusquamperfekt, einfache Form **64 ff**
Plusquamperfekt, Verlaufsform **65**
Possessivpronomen 5, **20 ff**, 80
Präposition 8, 19, 82 f, **87 ff**
Präsens, einfache Form **42 ff**
Präsens, Verlaufsform **44 ff**
Präteritum, einfache Form **61 f**
Präteritum, Verlaufsform **63 f**
Present Perfect, einfache Form **58 ff**
Present Perfect, Verlaufsform **60 f**
Pronomen **16**

R
Reflexivpronomen **19 f**
Relativpronomen **29 f**

S
Satzbau 39 f, **97 ff**
Silbentrennung **117**
Strichpunkt **119**
Subjekt **80**
Subjektergänzung **97**
Substantiv **5**, 8
Superlativ **30 f**

U
Uhrzeiten **96**
Umstandswort (→ Adverb)
Unregelmäßige Verben **84**
Unzählbare Begriffe **6 f**

V
Verb **41 ff**, 81
Vollverb **42 ff**

Z
Zahlwörter 7, 15, **94 ff**, 125
Zeitwort (→ Verb)